50 DILEMMA GESCHICHTEN

für Kinder

zum Diskutieren
Schreiben
Weiterspielen

Verena Baldus

Verlag an der Ruhr

IMPRESSUM

Titel
50 Dilemmageschichten für Kinder
zum Diskutieren, Schreiben, Weiterspielen

Autorin
Verena Baldus

Titelbildmotiv
© calamity_john – Fotolia.com

Illustrationen
Eva Spanjardt u.a.

Verlag an der Ruhr
Mülheim an der Ruhr
www.verlagruhr.de

Geeignet für die Klassen 3–4

Unser Beitrag zum Umweltschutz:
Wir sind seit 2008 ein ÖKOPROFIT®-Betrieb und setzen uns damit aktiv für den Umweltschutz ein. Das ÖKOPROFIT®-Projekt unterstützt Betriebe dabei, die Umwelt durch nachhaltiges Wirtschaften zu entlasten.
Unsere Produkte sind grundsätzlich auf chlorfrei gebleichtes und nach Umweltschutzstandards zertifiziertes Papier gedruckt.

ISBN 978-3-8346-0549-8

Printed in Germany

INHALTSVERZEICHNIS

Tippkarten

Dilemmasituationen in der Schule

Dilemmasituationen mit Freunden

Dilemmasituationen in der Familie

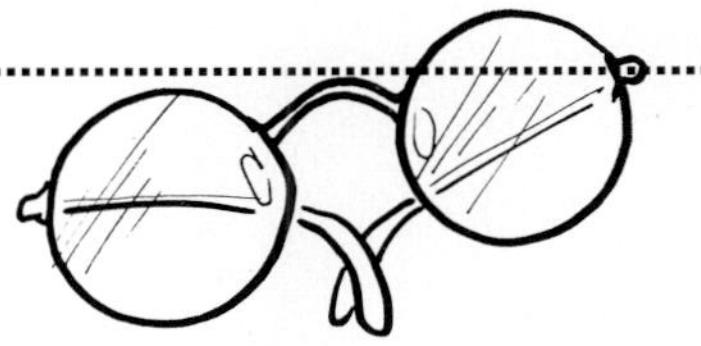

Liebe Leser*,

ich lade Sie herzlich dazu ein, mit der vorliegenden Sammlung von Dilemmageschichten ein paar spannende und abwechslungsreiche Unterrichtsstunden gemeinsam mit Ihren Schülern* zu erleben. Damit Sie die Dilemmageschichten gezielt und effektiv in Ihren Unterricht integrieren können, möchte ich Ihnen vorab einige wichtige **Hinweise** und **Tipps** zur Arbeit an die Hand geben.

Worum geht es in dieser Arbeitsmappe?

Dilemmageschichten als Methode

In der vorliegenden Arbeitsmappe finden Sie **50 fiktionale Geschichten mit offenem Ende**, in denen Dilemmasituationen und moralische Konfliktsituationen aus dem kindlichen Alltag aufbereitet sind. Die Dilemmageschichten greifen also gezielt Erfahrungen aus der Lebenswelt der Kinder auf und ermöglichen damit ein lebensweltbezogenes Lernen sowie eine aktive Auseinandersetzung mit der Wirklichkeit im Unterricht. Alle Geschichten nehmen Bezug auf zentrale Erlebnisbereiche der Kinder. So spielen insbesondere das freundschaftliche und familiäre Zusammenleben sowie der schulische Handlungsbereich eine besondere Rolle.
Aspekte wie Kameradschaftlichkeit, Loyalität, Nächstenliebe, Einfühlungsvermögen, Verantwortung, Mut, Ehrlichkeit, Respekt, Vertrauen, soziale Unterschiede, Gewissen, Moral, Gerechtigkeit, aber auch zentrale Gefühle wie Angst, Scham, Wut, Eifersucht, Neid, Stolz, Enttäuschung und Verzweiflung werden in den Geschichten immer wieder unter verschiedenen Blickwinkeln direkt oder indirekt thematisiert. Die Geschichten sind in ihren Themen und Hintergründen gewissermaßen vielschichtig und mehrdimensional angelegt. So wirft jede Geschichte immer eine ganze Reihe von Diskussionsfragen auf, die zur Auseinandersetzung mit den Problemen der eigenen Lebenswelt einladen. Um die Problematik einer Geschichte vollständig zu erfassen, müssen die Schüler diese unter verschiedenen Blickwinkeln beleuchten. Besonders förderlich bei der Arbeit mit Dilemmageschichten ist, dass jede Art von Diskussion immer in einem geschützten Raum stattfindet: Die Schüler können über heikle Fragen und Situationen vorbehaltlos diskutieren, ohne in irgendeiner Weise selbst betroffen zu sein. In einer realen Problemsituation hingegen wären die Schüler persönlich zu sehr involviert, sodass sie gar nicht erst den Mut hätten, über die Situation offen und vorbehaltslos zu sprechen. Andererseits fehlte es ihnen möglicherweise auch an der nötigen Objektivität. Dadurch, dass die Schüler hier aber über eine fiktive Situation sprechen – die sich aber zweifelsohne an die eigene Realität anlehnt – behalten sie einen ungetrübten Blick auf das Problem. Die Problematik der Dilemmageschichten wird in dieser Arbeitsmappe jedoch nicht nur über das bloße Diskutieren erschlossen. Verschiedene handlungsorientierte Arbeitsanregungen wie das szenische Spiel oder das Schreiben zu konkreten Schreibanlässen lassen den Schülern genügend Raum, ihre theoretischen Überlegungen zur Konfliktlösung praktisch umzusetzen, zu erproben und zu überprüfen.

Motivation und übergeordnetes Ziel

Jede Dilemmasituation räumt unterschiedliche, bisweilen sogar diskrepante Lösungsmöglichkeiten ein. Es gibt kein eindeutiges Pro oder Kontra und damit auch kein bedingungslos richtiges, sozial erwünschtes oder falsches Handeln. Jede Art, zu reagieren bzw. zu handeln, kann aus einer bestimmten Sichtweise heraus gerechtfertigt sein. Aus diesem Grund werden Ihre Schüler nicht leichtfertig auf die Diskussionsfragen zu den Dilemmageschichten antworten können. In diesem Zuge entwickeln sie aber unweigerlich ein Bewusstsein dafür, dass ein Problem grundsätzlich mehrere Facetten haben kann und daher immer von verschiedenen Blickwinkeln aus betrachtet werden muss.

* Aus Gründen der besseren Lesbarkeit haben wir in diesem Buch durchgehend die männliche Form verwendet. Natürlich sind damit auch immer Frauen und Mädchen gemeint, also Lehrerinnen, Schülerinnen etc.

Sie lernen, dass es immer einer reflektierten Auseinandersetzung mit der spezifischen Situation und Problematik bedarf, um geeignete Handlungsstrategien zu finden und eine Konfliktlösung zu erreichen.

Wozu überhaupt Dilemmageschichten?

Ansatzpunkt und Hintergründe

Handlungs- und Konfliktlösungskompetenzen sind eine unverzichtbare Voraussetzung für ein friedvolles soziales Miteinander. Die **soziale Handlungsfähigkeit** als übergeordnete Kompetenz zeigt sich wiederum in bestimmten Teilkompetenzen: Sprachlich gezielt argumentieren können, selbstbewusst die eigene Meinung vertreten, auf Äußerungen anderer eingehen, fremde Sichtweisen annehmen, sensibel sein für die eigenen, aber auch für die Gefühle anderer, moralisch bewusst urteilen und verantwortungsbewusst handeln – das alles sind Fähigkeiten, die für das Zusammenleben in einer sozialen Gemeinschaft unabdingbar sind. Die **Sprache** ist dabei **das Medium**, mit dem Menschen miteinander kommunizieren müssen. Und so können emotionale und soziale Zusammenhänge letztlich nur über die Sprache erschlossen werden.

Konkrete Lehr- und Lernziele

Zu den Dilemmageschichten gibt es **Diskussionsfragen** und **handlungsorientierte Arbeitsanregungen** – leicht umsetzbare Methoden, mit denen Sie sowohl die mündliche und schriftliche Sprachkompetenz als auch die Sozialkompetenz Ihrer Schüler anhand von konkreten Verwendungskontexten effektiv und offen fördern können. Auf recht unkomplizierte Weise erreichen Sie so wesentliche Lehr- und Lernziele der aktuellen Richtlinien.

Ihre Schüler trainieren im Besonderen

- einen Text Sinn gebend zu lesen,
- einen fiktiven Sachverhalt zu reflektieren,
- ihre sprachliche Ausdrucksfähigkeit, indem sie die eigenen Gedanken in Worte fassen,
- die eigene Meinung argumentativ zu vertreten, dem Gesprächspartner genau zuzuhören,
- sich unmittelbar auf die Redebeiträge seiner Gesprächspartner zu beziehen,
- angeleitetes und adressatenorientiertes Schreiben zu verschiedenen Schreibimpulsen und -anlässen,
- Ausdrucksmöglichkeiten im szenischen Spiel,
- sich in andere Rollen zu versetzen/einen Perspektivenwechsel vorzunehmen; Empathie,
- soziale Handlungs-, Konflikt- und Problemlösestrategien,
- den sozialen Umgang mit anderen; Konsensbildung.

Darüber hinaus erwerben Ihre Schüler auch wichtige methodische Kompetenzen. Denn die Materialien sind so konzipiert, dass sie problemlos bei der Teamarbeit im offenen Unterricht eingesetzt werden können. Ihre Schüler werden erfahren, dass der Austausch mit anderen, das gemeinsame Arbeiten und Lernen, das Lernen voneinander nicht nur mehr Spaß macht, sondern insgesamt auch zu besseren Ergebnissen führt. Über die **Teamarbeit** trainieren Ihre Schüler also auch gezielt ihre kooperativen Fähigkeiten.

Einsatz im Unterricht

Das Arbeitsmaterial eignet sich besonders zur Förderung der Sprachkompetenz im **Deutschunterricht** an Grund- und Förderschulen. Darüber hinaus können Sie die Dilemmageschichten aber auch fächerübergreifend zur Sozialerziehung im **Religions-** und **Ethikunterricht** einsetzen. Und auch im **außerschulischen Bereich**, etwa in der kirchlichen Kinder- und Jugendarbeit, in Streitschlichter-AGs oder aber in Debattierclubs können Sie die Dilemmageschichten verwenden.

Wie ist das Arbeitsmaterial konzipiert?

Einteilung nach Handlungsbereichen

Die Dilemmageschichten in dieser Arbeitsmappe sind immer einem von drei Handlungsbereichen zugeordnet.

„Schule“:

„Freunde“:

„Familie“:

Die thematische Einteilung richtet sich hierbei danach, in welcher Situation der Konflikt entsteht: Eine Dilemmasituation, die ein Kind in einer freundschaftlichen Beziehung erlebt, kann zwar in der Schule auftreten, der angesprochene Handlungsbereich ist aber dennoch die freundschaftliche Beziehung. Eine solche Dilemmageschichte ist daher dem Handlungsbereich „Freunde“ und nicht dem Bereich „Schule“ zugeteilt.

Diskussionsfragen

„Darüber solltet ihr sprechen“
Zu jeder Dilemmageschichte findet sich eine Auswahl von Diskussionsfragen. Sie geben den Schülern wichtige Anregungen zur Reflexion über die jeweilige Dilemmasituation. Die Fragen fokussieren zentrale Aspekte des Konflikts, indem sie den Blick gezielt auf das Verhalten und die Reaktionen der beteiligten Personen richten. Mit Hilfe der Diskussionsfragen hinterfragen die Kinder Ursachen des Konflikts, beleuchten das Verhalten der beteiligten Personen kritisch und denken gezielt über alternative Handlungsmöglichkeiten nach.
Auf diese Weise sammeln sie Argumente für ihre Meinungsbildung und tauschen sich in der Gruppe aus. Möglicherweise überdenken sie ihre Meinung auch noch einmal. Ziel der Gruppendiskussion ist, dass die Schüler kreative Ideen zur Konfliktlösung gemeinsam entwickeln und schließlich zu ihrer persönlichen Sicht der Dinge gelangen.

Handlungsorientierte Arbeitsaufträge

„Jetzt seid ihr selbst an der Reihe“
Zu jeder Dilemmageschichte finden Sie handlungsorientierte Arbeitsaufträge. Die Diskussion anhand des Fragenkatalogs stellt gewissermaßen die Vorbereitungsphase für die handlungsorientierten Arbeitsaufträge dar. In den konkreten Arbeitsaufträgen sollen die Schüler nun ihre Ideen, Argumente und Erkenntnisse aus der Diskussionsphase gezielt einbringen. Zu folgenden **Hauptkategorien** bieten die Materialien Arbeitsaufträge an:

„Schreiben“
In der Kategorie „Schreiben“ sollen die Schüler zu verschiedenen Schreibimpulsen und -anlässen eigene Texte verfassen. In erster Linie geht es darum, die jeweilige Dilemmageschichte zu Ende zu schreiben. Hier haben die Schüler Gelegenheit, ihre Ideen zur Konfliktlösung in Form eines erzählenden Textes umzusetzen. Bisweilen werden aber auch alternative Schreibanlässe vorgegeben, damit die Schüler noch andere Aspekte des Schreibens erproben können. So schreiben sie z.B. einen Entschuldigungsbrief o.Ä. und thematisieren den Konflikt zunächst noch einmal, bevor sie dann auch hier ihre Ideen zur Konfliktlösung entfalten können. Bei jeder Schreibübung trainieren die Schüler situationsbezogenes und strukturiertes Schreiben und verbessern so ihre schriftliche Sprachkompetenz.

„Weiterspielen“
In dieser Kategorie sollen die Schüler die jeweilige Dilemmasituation szenisch darstellen bzw. weiterspielen. Ein zentrales Zitat aus der Geschichte selbst oder aber ein situationsbezogener Impuls liefern hier das Szenario.
In Form eines Standbildes stellen die Schüler z.B. wichtige Passagen der Geschichte gestisch und mimisch dar. Das dient insbesondere dazu, die jeweilige Problematik zu wiederholen und sich die zentralen Gefühle der involvierten Personen bewusst zu machen. In Form eines improvisierten Rollenspiels setzen die Schüler ihre Ideen zur Konfliktlösung spielerisch um. Dadurch, dass sie den Konflikt mit verteilten Rollen nach- bzw. weiterspielen, lernen sie, verschiedene Perspektiven einzunehmen und sich in andere hineinzuversetzen. So trainieren sie ihre Empathiefähigkeit und entwickeln soziale Handlungsstrategien. Darüber hinaus bekommen sie

ein Gespür dafür, wie komplex ein Konflikt sein kann und wie schwierig es infolgedessen ist, ihn zu lösen. Man braucht hier gute Argumente, die man klar und prägnant hervorbringt, damit andere sie nachvollziehen können. Beim Rollenspiel lernen die Schüler, gezielt zu argumentieren, um das Gespräch voranzutreiben und den Konflikt schließlich mit Worten friedlich zu lösen. Gleichzeitig trainieren sie ihre mündliche Sprachkompetenz und entwickeln zunehmend mehr Freude am Gespräch mit anderen.

„Gestalten“

In der Kategorie „Gestalten“ haben die Schüler die Möglichkeit, eine Dilemmasituation **künstlerisch aufzuarbeiten.** Indem sie z.B. ein Bild oder eine Karikatur zu einer Schlüsselszene einer Geschichte anfertigen, können sie wesentliche Aspekte eines Konflikts bildnerisch herausarbeiten.
Wenn sie eine Bildergeschichte oder einen Comic konzipieren und zeichnen, können sie so die Wege zur Konfliktlösung kreativ darstellen. Das künstlerische Gestalten regt die Fantasie der Schüler in besonderer Weise an, weil es eine willkommene Abwechslung zum Schreiben und Spielen ist. So ist der Lernprozess aufgelockert, was möglicherweise zu neuen, vielleicht sogar ungeahnten, kreativen Konfliktlösungsansätzen führt.

Verschiedene Lernkanäle

Alles in allem sind die Arbeitsmaterialien mit ihren Diskussionsfragen und Arbeitsaufträgen so gehalten, dass im Arbeits- und Lernprozess möglichst verschiedene Lernkanäle angesprochen werden. Denn dies trägt bekanntermaßen zu einem besonders **nachhaltigen Lernen** bei:
Wenn beim Diskutieren allein der auditive Lernkanal involviert ist, so beziehen das Schreiben und künstlerische Gestalten den visuellen und kinästhetischen Kanal mit ein. Bei einem Rollenspiel sind gleich drei Kanäle aktiv: der visuelle, auditive und kinästhetische Lernkanal.

Ankreuzmöglichkeit

Die vorgestellten Typen von Arbeitsaufträgen sind nicht grundsätzlich für jede Dilemmageschichte gleichermaßen sinnvoll. Aus diesem Grund finden Sie für jede spezifische Dilemmageschichte eine Auswahl von geeigneten Arbeitsaufträgen. Welche davon Sie letztlich mit Ihren Schülern bearbeiten, sei Ihnen selbst überlassen. Das hängt u.a. davon ab, welche Kompetenzen Sie bei Ihren Schülern schwerpunktmäßig fördern wollen.
Sie haben die Möglichkeit, **Arbeitsaufträge vorab auszuwählen**, indem Sie genau die Aufgaben ankreuzen, die Sie für Ihre Lern- und Lehrziele und im Hinblick auf die spezifische Klassensituation als sinnvoll erachten. Natürlich können Sie immer eigene **Diskussionsfragen und Arbeitsaufträge ergänzen**, sofern Ihnen diese für die Bedürfnisse Ihrer Schüler geeigneter erscheinen.

Tippkarten

Zu den verschiedenen Typen von Arbeitsaufträgen finden Sie zu Beginn dieser Mappe Tippkarten für Schüler. Diese können Sie den Kindern bei der Bearbeitung mit an die Hand geben. Die Tippkarten liefern methodische Hinweise zur Bearbeitung eines Arbeitsauftrags. Hier können die Schüler noch einmal schnell und gezielt nachlesen,

- wie man sich einen Text erschließt,
- was man beachten muss, wenn man eine Diskussion führt,
- wie man ein Rollenspiel durchführt,
- wie man ein Standbild gestaltet,
- worauf man achten sollte, wenn man einen erzählenden Text schreibt,
- worauf man achten sollte, wenn man einen Brief schreibt,
- wie man einen Comic oder eine Bildergeschichte konzipiert,
- was eine Karikatur ist und worauf man achten sollte, wenn man sie zeichnet.

Übersichtstabelle

Bei der Auswahl einer bestimmten Dilemmageschichte, die Sie mit Ihrer Klasse bearbeiten wollen, hilft Ihnen die Übersichtstabelle auf den Seiten 10–12. Hier sind alle Dilemmageschichten gemäß der Reihenfolge in dieser Mappe aufgelistet und **nach Handlungsbereich kategorisiert.** Zu jeder Ge-

schichte finden Sie unter dem Punkt „Themen und Diskussionspunkte“ **Hinweise zum Inhalt** und wesentliche **Diskussionsaspekte**.

Wie arbeitet man mit Dilemmageschichten?

Haben Sie eine Dilemmageschichte ausgewählt, beginnt die eigentliche Arbeit mit den Geschichten. Sie sollten dafür mindestens eine **ganze Unterrichtsstunde**, im Idealfall sogar **eine Doppelstunde** einplanen. Gegebenenfalls können Sie Arbeitsaufträge, die vorzugsweise in **Einzelarbeit** erledigt werden sollen, wie z.B. das Verfassen eines Textes, als **Hausaufgabe** einsetzen. Die Präsentationsphase verlagert sich somit in die nächste Unterrichtsstunde. Die Diskussionsphase hingegen sollte aber in jedem Fall in die Unterrichtszeit fallen.

Den Text inhaltlich erschließen

Der erste Zugang zu jeder Dilemmasituation ist immer der Text selbst. Hier haben Sie verschiedene Möglichkeiten, die Schüler an den Textgegenstand heranzuführen:

1. Sie können den Text **im Plenum vorlesen** oder **vorlesen lassen**. Um sicherzustellen, dass alle Schüler den Inhalt verstanden haben, lassen Sie die Schüler den Text inhaltlich wiederholen. Stellen Sie ggf. gezielte inhaltliche Nachfragen zum Text, und geben Sie auch den Schülern Gelegenheit, Nachfragen zu stellen.
2. Die Schüler **lesen** den Text **in Einzelarbeit** still. Anschließend lassen Sie sie auch hier den Inhalt im Plenum inhaltlich wiedergeben. Stellen Sie ggf. gezielte Nachfragen, und lassen Sie auch die Schüler Nachfragen stellen.
3. Die Schüler bilden **Gruppen** aus etwa drei bis vier Kindern. Ein Kind aus der Gruppe liest den anderen Gruppenmitgliedern den Text vor. Im anschließenden **Gruppengespräch** erschließen sich die Schüler dann gemeinsam den Inhalt, indem sie sich gegenseitig erzählen, was in der Geschichte passiert ist.

Diskussionsphase

Nachdem die Schüler sich den Text inhaltlich erschlossen haben, gehen sie in die nächste Bearbeitungsphase. Mit Hilfe der Diskussionsfragen sollen sie die **Ursachen des jeweiligen Konflikts** herausarbeiten, **Handlungsweisen bewerten** und über **Lösungsmöglichkeiten** reflektieren.
Organisieren Sie die Diskussionsphase keinesfalls lehrerzentriert. Vielmehr sollen sich die Schüler Konfliktlösungsmöglichkeiten und Handlungsstrategien aktiv und selbst erarbeiten, um einen langfristigen Lerneffekt zu sichern. Denn nur, wenn sie ihre Lösungswege selbst gefunden haben, können sie zu einem späteren Zeitpunkt Analogieschlüsse ziehen und auf ihr gelerntes Wissen zurückgreifen.

Die Rolle des Lehrers, die Rolle der Schüler

Es sei Ihnen selbst überlassen, ob Sie die Diskussionsphase nun im Plenum oder aber in Kleingruppen organisieren. Wichtig ist dabei, dass Sie sich als Lehrer im Hintergrund halten. Nur bei Problemen sollten Sie den Kindern beratend zur Seite stehen. Machen Sie ihnen dann deutlich,

- dass alle Antworten und Meinungen erlaubt sind, sofern man sie begründen kann.
- dass es kein absolut richtiges und absolut falsches Handeln gibt, sondern dass jede Art zu handeln seine Berechtigung haben kann: Menschliches Handeln geschieht manchmal gefühlsgeleitet, und Gefühle lassen sich nicht immer steuern.
- dass dadurch Konflikte zustande kommen können, dass aber dennoch niemand für seine Gefühle angeklagt werden darf.

Verfolgen Sie die Diskussion der Kinder aber dennoch als Beobachter. Nur, wenn die Diskussion ins Leere zu laufen droht, sollten Sie eingreifen. In diesem Fall können Sie den Kindern kleine Denkanstöße geben. Eine kurze Anmerkung wie etwa „Würdest du auch so handeln, wenn du selbst einen Nachteil davon hättest?“ reicht oft schon aus, um die Diskussion wieder aufleben zu lassen. Insbesondere hier sollten Sie aber darauf achten, dass die Formulierung Ihrer Denkanstöße nicht schon suggeriert, welche Antwort sozial erwünscht ist.

Die Kinder sollten in jedem Fall die Möglichkeit haben, sich geeignete Lösungswege selbst zu erarbeiten, denn nur so können sie bestimmte Lösungsstrategien verinnerlichen, auf die sie zu einem späteren Zeitpunkt zurückgreifen können.

Die Umsetzung der Arbeitsaufträge

In welcher **Sozialform** die Kinder die Arbeitsaufträge umsetzen, erklärt sich in den meisten Fällen schon über die Aufträge selbst. Dass man einen freien Text eher in Einzelarbeit schreibt, ein Rollenspiel aber in der Gruppe vorbereitet, liegt auf der Hand. Bereiten die Schüler ein Rollenspiel vor, gibt es möglicherweise weniger Rollen als Schüler in der Gruppe. In diesem Fall sollten die Schüler weitere Rollen dazu erfinden, die sich problemlos in die Dilemmasituation integrieren lassen, wie etwa ein weiteres Kind, einen Bruder, eine Oma etc. In jedem Fall sollen alle Gruppenmitglieder aktiv am Rollenspiel teilnehmen können. Wenn die Schüler die Dilemmageschichten in mehreren Kleingruppen von drei bis vier Kindern bearbeiten, bieten sich im Wesentlichen zwei Gestaltungsmöglichkeiten:

1. Jede Gruppe bearbeitet dieselben Arbeitsaufträge zu einer ausgewählten Dilemmageschichte. In diesem Fall ist ein direkter Vergleich der Arbeitsergebnisse in den verschiedenen Gruppen möglich. Der Fokus liegt hier in erster Linie auf den unterschiedlichen Lösungsmöglichkeiten eines Konflikts.
2. Die Gruppen bearbeiten unterschiedliche Arbeitsaufträge zu einer ausgewählten Dilemmageschichte. Neben den verschiedenen Konfliktlösungsmöglichkeiten fokussieren sie hierbei auch die unterschiedlichen methodischen Herangehensweisen.

Geben Sie den Schülern für die Durchführungsphase die entsprechenden Tippkarten mit an die Hand, die für ihren jeweiligen Arbeitsauftrag relevant sind.

Präsentation der Arbeitsergebnisse

An jede Durchführungsphase schließt sich eine obligatorische **Präsentationsphase** mit Nachbesprechung an. Hier können die Kinder bzw. die Arbeitsgruppen ihre Ergebnisse im Plenum präsentieren und auswerten. Dabei ist es wichtig, dass Sie diese letzte Arbeitsphase **moderieren**, um die **Ergebnissicherung** zu gewährleisten. Eine Präsentation mit Nachbesprechung könnte nun folgendermaßen aussehen: Zuerst werden die Arbeitsergebnisse aller Gruppen präsentiert. Das können dann z.B. zwei Rollenspiele oder ein Rollenspiel und ein erzählender Text sein. Anschließend vergleichen die Schüler ihre Ergebnisse und kommentieren sie.

Schließlich noch ein praktischer Hinweis:
Sie können die Arbeitsblätter auch als **Dilemma-Karteikarten** einsetzen, indem Sie sie in der Mitte falten und zu Karten laminieren. Damit ist das Arbeitsmaterial für die Kinder schon rein optisch interessant. Das steigert durchaus die Neugier, Motivation und Konzentration.

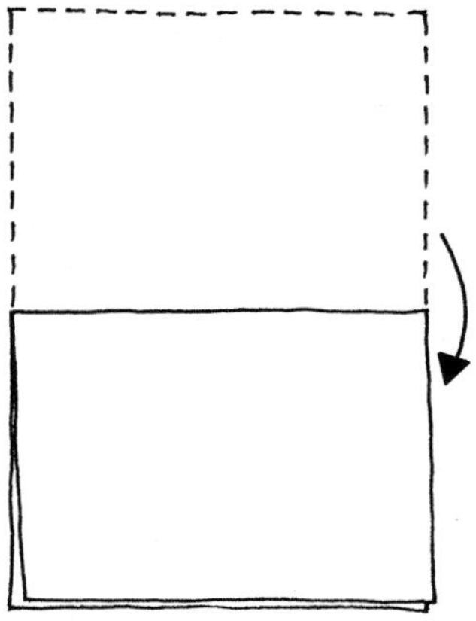

Ich wünsche Ihnen nun viel Freude bei der Arbeit mit den Dilemmageschichten!

Verena Baldus

AUF EINEN BLICK: ÜBERSICHTSTABELLE

		Titel	Nummer	Themen und Diskussionspunkte
Handlungsbereich	Schule	*Papas Unterschrift ist doch ganz leicht!*	1	**Unterschrift fälschen** Heimlichkeit, Angst, Scham, Vertrauen, Gewissenskonflikt, Hinterhältigkeit
		Erwischt!	2	**Spickzettel benutzen** Konsequenzen tragen, Verantwortung, Ehrlichkeit, Kameradschaftlichkeit, Einfühlsamkeit, Gewissenskonflikt
		Immer erreichbar	3	**Versprechen einhalten** Selbstbestimmung und Fremdbestimmung, Gewissenskonflikt
		Trotzdem eine Eins	4	**Konflikt bei der Notenvergabe** Deutsch als Zweitsprache, Konkurrenzdenken, Fairness
		Jakobs neues Taschenmesser	5	**gefährliches Spielzeug in der Schule** Verantwortung, Selbstüberschätzung, Eigentum, Fremdbestimmung
		Vermeintlicher Handy-Diebstahl	6	**Handy in der Schule** Eigentum, Gerechtigkeit, Wut, Rache, Vergeltung
		Eine Spende für Herrn Bissi	7	**eine gut gemeinte Handlung wird missverstanden** Mitleid, Nächstenliebe, aus Überzeugung handeln, Unterstellung, jemandem Unrecht tun, seinen Standpunkt vertreten
		Geheimer Briefwechsel	8	**lästern, andere verletzen** Angst, Scham, Reue, Mitleid, Einfühlsamkeit
		Die geklaute Gruselgeschichte	9	**fremdes Lob einstecken** Konkurrenzdenken, Unehrlichkeit, Angst, Scham, Wut, Enttäuschung, Einfühlsamkeit
		Das Kreide-Trampel-Weitsprung-Spiel	10	**Unsinn machen, unumsichtig handeln** Konsequenzen/Verantwortung tragen, Klassenzusammenhalt, Kameradschaftlichkeit
		Der verschwundene Funkel-Ring	11	**klauen** Neid, Angst, Scham, Vertrauen und Misstrauen, Unterstellung
		Der Reisenerzähler	12	**lügen, sich interessant machen** Bloßstellung, Scham
		Falscher Alarm	13	**sich unachtsam verhalten, Kurzschlussreaktion** Konsequenzen tragen, Angst, Verlässlichkeit, Kameradschaftlichkeit
		Blöde Kuh, das war meine Idee!	14	**fremdes Lob einstecken** Konkurrenzkampf, Wut, Enttäuschung, Einfühlsamkeit
	Freunde	*Die Polen klauen doch alle!*	15	**Vorurteile, Rufmord, Verdächtigung** Neid, Wut, Beschuldigung, Fehler zugeben, sich entschuldigen
		Wer bekommt Mario Marionetti?	16	**sich um eine Rolle im Puppentheater streiten** Egoismus, Schwäche eines anderen zum eigenen Vorteil ausnutzen, Unehrlichkeit, Unfairness
		Nur ehrlich	17	**Mitschüler beleidigen, verletzen; Stigmatisierung** Respektlosigkeit, Taktgefühl, Einfühlsamkeit, falsch verstandene Ehrlichkeit

		Titel	Nummer	Themen und Diskussionspunkte
Handlungsbereich	Freunde	*Angst vor Rob*	18	**Erpressung, Gewalt an der Schule** Angst, Hilflosigkeit, sich jemandem anvertrauen
		Ich hab' keinen Papa mehr	19	**straffällig gewordener Vater** Wut, Scham, sich allein gelassen und betrogen fühlen, Bloßstellung, Einfühlsamkeit
		Zu schnell gedreht	20	**Karussell fahren nicht vertragen** (Eigen-)Verantwortung, Wort halten, Vertrauen, Konsequenzen tragen, Schuldfrage
		Eine preiswerte Deluxini-Jeans	21	**Markenbewusstsein in der Klasse** Trends, Gruppenzwang, Selbstbewusstsein, Scham
		Läuse-Alarm	22	**eine Läuse-Erkrankung geheimhalten wollen** Scham, Wut, Vertrauen, Misstrauen, Verunsicherung, Einfühlsamkeit, Selbstbewusstsein
		Nur nach-eingeladen	23	**nicht auf eine Geburtstagsfeier eingeladen sein** Stolz, Wut, Enttäuschung, sich ausgeschlossen fühlen, Einfühlsamkeit
		Eine fragliche Mutprobe	24	**ausgetrickst/veräppelt werden** was man für Geld alles machen würde, Gutgläubigkeit, Selbstbewusstsein, Durchsetzungsvermögen
		Nick-las ist in An-na ver-liebt	25	**für ein Mädchen aus der Klasse schwärmen** jemanden blamieren/bloßstellen, Taktlosigkeit, zu seinen Gefühlen stehen, Scham, Mut
		Ich hatte die Idee zuerst!	26	**jemandem eine gute Idee klauen** Wut, Enttäuschung
		Die unterschlagene Blütenbrosche	27	**etwas unterschlagen** Ehrlichkeit, Diebstahl
		Ich geb' dir auch nichts mehr ab!	28	**sich eine teure CD des Freundes brennen** teilen können, Geiz, Geld sparen
		Abenteuerliches Zeltlager	29	**sich nicht trauen, im Dunkeln zur Toilette zu gehen** Verantwortung, Kameradschaftlichkeit, Schuldfrage, Konsequenzen tragen
		Marlenes große Chance	30	**Talent, eine große Chance bekommen** Erfolg, vom Ruhm träumen, Neid, Eifersucht, Erpressung
		Ricos Pflegekaninchen	31	**andere ausnutzen wollen** Raffinesse, teilen können, Fairness
		Luisas Geburtstags-vorbereitungen	32	**einen Geburtstagsgast wieder ausladen** Erpressung, Fremdbestimmung, auf jemandes Seite sein, Loyalität
		Ein schlechtes Aushängeschild	33	**von einem anhänglichen Mitschüler genervt sein** falsch verstandene Ehrlichkeit, Taktgefühl, Respekt, Einfühlsamkeit
		10 Euro für ein Perlenkrokodil	34	**etwas mutwillig kaputt machen** der materielle und ideelle Wert einer Sache, Wut, Vergeltung, Gerechtigkeit
		Erlebnisbad statt Hausaufgabenhilfe	35	**Versprechen einhalten, sich verleugnen lassen** Pflicht und Vergnügen, Verantwortungsgefühl, Verlässlichkeit, Gewissenskonflikt

		Titel	Nummer	Themen und Diskussionspunkte
Handlungsbereich	Freunde	*Eine verkratzte CD*	36	**fremdes Eigentum kaputt machen** Schuld, Verantwortung, Konsequenzen tragen, Verpflichtung
		Moritz ist weg	37	**Kaninchen entwischt durch die Schuld des Freundes** etwas verheimlichen, Loyalität, Kameradschaftlichkeit, Vertrauen
	Familie	*Ausnahmsweise Schweinebockwürstchen*	38	**kein Schweinefleisch essen dürfen; religiöse Gebote** Respekt vor fremder Religion, sündigen
		Das sind keine Streiche mehr!	39	**von Mitschülern gehänselt werden** Mobbing, sich jemandem anvertrauen, Angst, Einfühlsamkeit
		Mirjas Schönheitsfleck	40	**von Mitschülern beleidigt werden** Oberflächlichkeit, Stigmatisierung, Respektlosigkeit, Selbstbewusstsein, Gewalt als Lösung
		Brüder müssen immer zusammenhalten	41	**seinem Bruder beistehen** Verantwortung, Verlässlichkeit, Kameradschaftlichkeit, Pflichtgefühle, sich im Stich gelassen fühlen
		Die geschwänzte Klavierstunde	42	**heimlich den Klavierunterricht schwänzen** lügen, Fremdbestimmung, eigene Wünsche
		Mit Fremden spricht man nicht	43	**von einem fremden Mann angesprochen werden** Angst, Misstrauen, Höflichkeit, Selbstbewusstsein, Mut, Unsicherheit
		Rausgerutscht	44	**ein Geheimnis für sich behalten können** Versprechen einhalten, Verlässlichkeit, Verantwortung, Vertrauen, Einfühlsamkeit
		Eine heikle Mittagessen-Regel	45	**sich an Regeln halten müssen** Angst, Probleme offen ansprechen
		Total ungerecht	46	**mit einer Krankheit leben müssen** Disziplin, Vernunft, eigene Wünsche, Wut, Gerechtigkeit
		Ein ungeliebtes Geburtstagsgeschenk	47	**ein hässliches Geschenk bekommen** Taktgefühl, Respekt, Einfühlsamkeit, Scham
		Heimliches Gruselkino	48	**heimlich einen verbotenen Gruselfilm ansehen** Großspurigkeit, Selbstüberschätzung, Bevormundung, Angst, Stolz
		Papas Patchwork-Pias	49	**in einer Patchwork-Familie leben** Eifersucht, Verunsicherung, Zusammenleben, Vertrauen, Einfühlsamkeit, Manipulation
		Papa oder Mama?	50	**Eltern sind geschieden** Verunsicherung, Manipulation, Einfühlsamkeit

© Verlag an der Ruhr • Postfach 10 22 51 • 45422 Mülheim an der Ruhr • www.verlagruhr.de • ISBN 978-3-8346-0549-8

SO VERSTEHST DU DIE DILEMMAGESCHICHTE!

1. Lies den Text langsam durch.
2. Lies ihn vielleicht auch ein zweites Mal.
3. Unterstreiche wichtige Stellen mit dem Bleistift.
4. Unterstreiche mit einem Textmarker nur die wichtigsten Schlüsselwörter:
   - ➡ Welche Personen sind wichtig?
   - ➡ Warum entsteht der Konflikt?
   - ➡ Wie genau sieht der Konflikt aus? Welche Fragen entstehen?
5. Schreibe deine Schlüsselwörter auf einen Zettel.
6. Erzähle mit Hilfe der Schlüsselwörter auf dem Zettel die Dilemmageschichte nach.

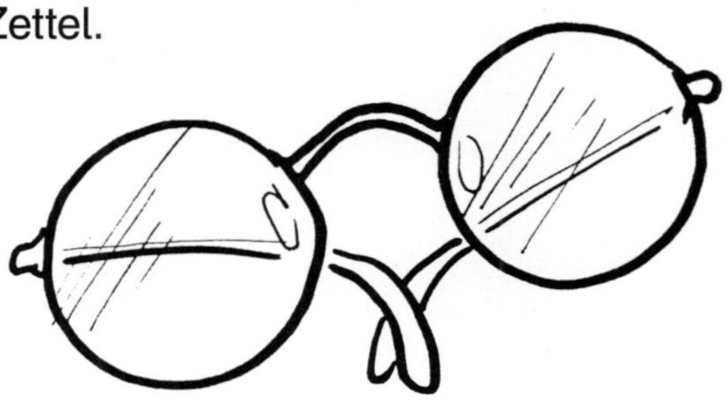

© Verlag an der Ruhr • 45422 Mülheim an der Ruhr • www.verlagruhr.de • ISBN 978-3-8346-0549-8

SO DISKUTIERT IHR ÜBER DIE DILEMMAGESCHICHTE!

1. Setzt euch so, dass ihr einander ansehen könnt. Dafür müsst ihr vielleicht Tische und Stühle umstellen.
2. Versucht, euch alle am Gespräch zu beteiligen.
3. Achtet darauf, dass jeder zu Wort kommt.
4. Lasst euch gegenseitig ausreden, und ruft nicht dazwischen.
5. Hört einander zu.
6. Begründet eure Meinung.
7. Seid nicht rechthaberisch oder aggressiv, wenn ihr eine andere Meinung habt.
8. Versucht immer, auf das einzugehen, was ein anderer zuvor gesagt hat.

So führt ihr ein Rollenspiel durch!

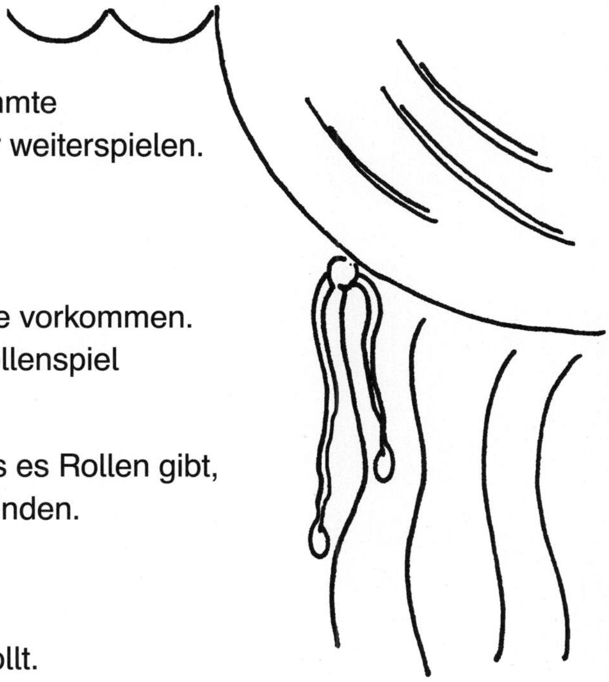

Bei einem Rollenspiel führt man zu einer vorgegebenen Situation ein kleines „Theaterstück“ vor. Man kann dabei eine bestimmte Situation mit verteilten Rollen nachspielen oder weiterspielen.

Vor dem Rollenspiel:

1. Überlegt, welche Personen in der Geschichte vorkommen. Überlegt dann, welche Rollen ihr für euer Rollenspiel besetzen müsst.
2. Wenn ihr in der Gruppe mehr Kinder seid, als es Rollen gibt, dann müsst ihr noch weitere Rollen dazu erfinden. Erfindet z.B. an weiteres Kind, einen Bruder, eine Oma und so weiter.
3. Sucht euch eine Rolle aus, die ihr spielen wollt.
4. Jedes Kind in eurer Gruppe muss eine Rolle haben.
5. Bevor ihr anfangt, zu spielen, müsst ihr euch überlegen, was ihr in eurer Rolle sagen könnt:
   → Versetzt euch in die Lage der Person, die ihr spielt.
   → Überlegt, was die Person denkt, fühlt und was sie will.
   → Überlegt, wie sich die Person verhalten könnte.
   → Erinnert euch daran, was ihr in der Gruppendiskussion besprochen habt.
6. Macht euch ein paar Notizen dazu, was ihr sagen könnt.
7. Übt das Rollenspiel, bevor ihr es vor eurer Klasse präsentiert.

Während des Rollenspiels:

- Versucht, euch alle am Gespräch zu beteiligen.
- Begründet eure Meinung.
- Achtet darauf, dass jeder zu Wort kommt.
- Lasst euch gegenseitig ausreden, und ruft nicht dazwischen.
- Hört einander zu.
- Geht immer darauf ein, was ein anderer zuvor gesagt hat.

SO BAUT IHR EIN STANDBILD!

Ein Standbild ist ein Einzelbild zu einer Situation. Es wird durch lebende Personen dargestellt. Wichtig ist, dass die Personen dabei nicht sprechen oder sich bewegen dürfen. Gefühle und Meinungen oder auch Freundschaft und Streit drückt man nur über die Mimik (Gesichtsausdruck), die Körperhaltung und die Position aus.

1. Überlegt, welche Personen in der Geschichte vorkommen. Überlegt dann, welche Personen im Standbild vorkommen sollen.
2. Überlegt, wer welche Person in dem Standbild darstellt.
3. Mindestens ein Kind in eurer Gruppe stellt keine Person in dem Standbild dar. Dieses Kind ist so etwas wie ein Baumeister. Denn es wird das Standbild später aufbauen.
4. Bevor ihr das Standbild mit Hilfe des Baumeisters aufbaut, müsst ihr euch überlegen, wie ihr die Gefühle und Beziehungen der Personen im Standbild ausdrücken könnt:
   - Versetzt euch in die Lage der Person, die ihr darstellt.
   - Überlegt, was die Person denkt, fühlt und was sie will.
   - Erinnert euch daran, was ihr zuvor besprochen habt.
   - Überlegt, wie ihr die Gefühle, Verhaltensweisen und die Beziehung der Personen im Standbild ausdrücken könnt.
   - Ihr dürft alle Teile eures Körpers dafür benutzen (Mimik, z.B. böse gucken, Körperhaltung).
   - Ihr dürft auch Gegenstände als Requisiten dazu benutzen (z.B. CD, Brosche, Hose, Stoffhase ...).
   - Überlegt, wir ihr euch aufstellen könnt.
5. Der Baumeister überlegt mit! Denn er muss ja später das Standbild aufbauen können.
6. Der Baumeister baut zum Schluss das Standbild genauso auf, wie ihr es in der Gruppe besprochen habt. Er führt euch zu eurem Platz und bringt euch in Position: Er sagt euch, wohin und wie ihr schauen sollt.

So schreibst du eine Dilemmageschichte zu Ende!

1. Überlege, wie deine Geschichte ausgehen könnte.
Wie könnte man den Konflikt lösen? Was kann in der Geschichte alles passieren, bevor der Konflikt gelöst ist?

2. Schreibe deine Einfälle in Stichworten unten auf, damit du deine guten Ideen nicht vergisst.

3. Bringe deine Stichworte danach in die richtige Reihenfolge.
Jetzt hast du schon den groben Aufbau deiner Geschichte fertig.

4. Überlege, aus welcher Sicht du deine Geschichte schreiben willst.

5. Beschreibe die Gefühle der Personen genau. Verwende dafür treffende Adjektive, denn damit wird deine Geschichte lebendig.

6. Beginne deine Sätze nicht immer mit „*Und dann …*“, sondern denke dir verschiedene Satzanfänge aus, z.B.: *darauf, hinterher, danach, plötzlich, zuerst, gestern, am Abend, später, nach einer Weile, schließlich … .*

7. Verwende unterschiedliche Wörter aus einem Wortfeld. Für „sagen“ kannst du manchmal auch *„sprechen“, „antworten“, „entgegnen“, „erwidern“* … verwenden.

8. Beachte, dass deine Geschichte in der richtigen Zeitform steht.

9. Verwende Redezeichen, wenn du die Personen in der Geschichte sprechen lässt.

SO SCHREIBST DU EINEN BRIEF ODER EINE E-MAIL!

1. Behalte im Auge, wer den Brief oder die E-Mail schreibt und welche Person den Brief oder die E-Mail bekommen soll: Überlege, was du dieser Person sagen willst.
2. Schreibe deine Einfälle in Stichworten unten auf, damit du deine guten Ideen nicht vergisst.
3. Bringe deine Stichworte danach in die richtige Reihenfolge. Jetzt ist der grobe Aufbau für deinen Brief oder die E-Mail schon fertig.
4. Überlege, was dein Empfänger über die Konfliktsituation weiß. Er weiß wahrscheinlich weniger als der Briefschreiber. Dann musst du dem Empfänger von der Konfliktsituation berichten. Du kannst nicht voraussetzen, dass der Empfänger schon alles weiß!
5. Versetze dich in die Lage des Schreibers:
   → Was denkt er?
   → Was fühlt er?
   → Was will er dem Empfänger eigentlich sagen?
   → Warum schreibt er den Brief oder die E-Mail?
6. Beschreibe die Gefühle des Schreibers genau. Verwende dafür treffende Adjektive. Sie machen den Brief oder die E-Mail lebendig.
7. Vergiss nicht die Anrede am Anfang und die Grußformel am Schluss.

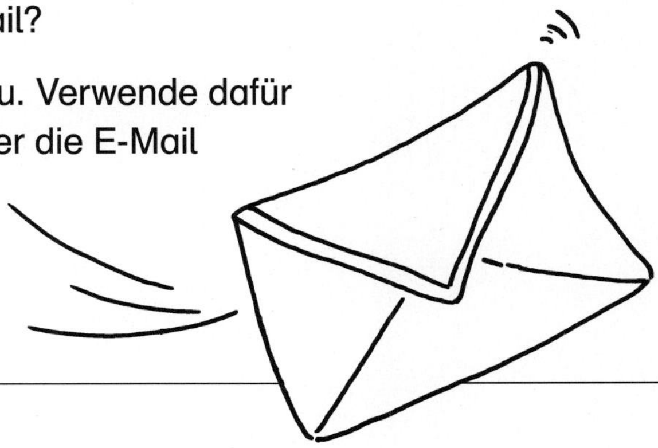

SO ZEICHNEST DU EINEN COMIC!

1. Überlege: Was sind die wichtigsten Ereignisse in der Geschichte? Diese Ereignisse gehören in deinen Comic.
2. Überlege: Wie kannst du diese Ereignisse als Bild darstellen?
3. Denke daran: Du musst wörtliche Rede in Sprechblasen schreiben. Alles, was die Personen sagen oder fühlen, musst du zeichnen. Überlege dafür genau, welche Gestik, Mimik und Körperhaltung du für deine Figuren auswählst.
4. Hintergrundinformationen kannst du unter dem Bild durch kleine Erklärungstexte schreiben.
5. Denke daran: Ein Comic sollte komisch und witzig geschrieben sein!
6. Verwende daher auch lautmalerische Wörter in Denkblasen, wie z.B.: *„grrrrr“* für wütend sein oder *„räbääääh“* für weinen … Vielleicht schaust du dir vorher noch einen anderen Comic an, um Ideen zu bekommen, welche lautmalerischen Wörter du verwenden kannst.
7. Überlege, wie viele Bilder du brauchst, um die Geschichte zu erzählen.
8. Mache dir unten ein paar grobe Skizzen, und notiere ein paar Stichworte dazu.
9. Bringe deine Bilder nun in die richtige Reihenfolge, und male sie bunt aus.
10. Zeichne nur das Allerwichtigste: Du brauchst nur das zeichnen, was unbedingt nötig ist, um die Geschichte zu verstehen.

SO ZEICHNEST DU EINE BILDERGESCHICHTE!

1. Überlege: Was sind die wichtigsten Ereignisse in der Geschichte? Diese Ereignisse gehören in deine Bildergeschichte.
2. Überlege: Wie kannst du diese Ereignisse als Bild darstellen?
3. Denke daran: Du darfst keine Sprechblasen gebrauchen. Alles, was die Personen sagen oder fühlen, musst du zeichnen. Du musst dazu genau überlegen, welche Gestik, Mimik und Körperhaltung du für deine Figuren auswählst.
4. Überlege, wie viele Bilder du brauchst, um die Geschichte zu erzählen.

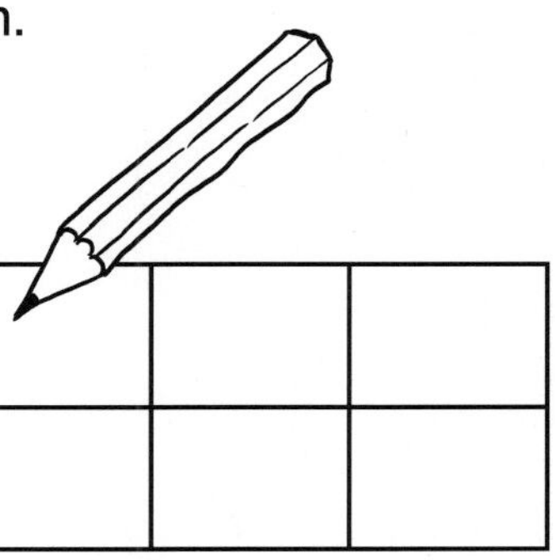

5. Mache dir im Heft ein paar grobe Skizzen, und notiere ein paar Stichworte dazu.
6. Bringe deine Bilder nun in die richtige Reihenfolge.
7. Zeichne nur das Allerwichtigste: Du brauchst nur das zeichnen, was unbedingt nötig ist, um die Geschichte zu verstehen.

© Verlag an der Ruhr • 45422 Mülheim an der Ruhr • www.verlagruhr.de • ISBN 978-3-8346-0549-8

SO ZEICHNEST DU EINE KARIKATUR!

Eine Karikatur ist ein Spottbild. Wenn man eine Karikatur zeichnet, kann man seine Meinung über eine Situation, eine Sache oder auch über Personen ausdrücken. Mit einer Karikatur kann man sich über eine Situation oder eine Person lustig machen. Dazu stellt man wichtige Merkmale einer Situation oder Person sehr übertrieben dar.

1. Überlege, was du mit deiner Karikatur ausdrücken möchtest:
   → Was möchtest du lächerlich machen?
   → Was möchtest du kritisieren?
2. Stelle diese Dinge nun übertrieben dar. Das kannst du machen, indem du Gesichter oder Gegenstände sehr groß machst oder auf andere Weise sehr auffällig gestaltest.

Papas Unterschrift ist doch ganz leicht!

1

Lena hat eine 5 in Mathe geschrieben, obwohl sie am Wochenende noch ganz lange mit Papa geübt hat und auch alles konnte. „Deine Eltern müssen die Arbeit unterschreiben, Lena“, sagt Frau Kunstmann. Lena denkt daran, wie enttäuscht ihr Papa wohl sein wird, wenn er die 5 sieht. Deswegen überlegt sie, ihm die Arbeit gar nicht zu zeigen. In der Pause sagt sie zu ihrer Freundin Klara: „Papas Unterschrift ist doch ganz leicht! Das merkt Frau Kunstmann bestimmt nicht, wenn ich einfach Papas Namen unter die Arbeit setze.“ Entsetzt entgegnet Klara: „Spinnst du? Das ist Urkundenfälschung. Wenn das rauskommt, wirst du bestraft!“ Am Abend überlegt Lena noch kurz, ob sie ihrem Papa nicht vielleicht doch die Arbeit zeigen soll. Aber Papa hat sich heute unheimlich über einen Kollegen geärgert und sieht ziemlich grimmig aus. Sie zögert etwas, aber dann krakelt sie doch Papas Namen unter die 5. Am nächsten Tag legt Lena Frau Kunstmann die unterschriebene Arbeit vor. Frau Kunstmann schaut auf Lenas Gekrakel, schaut dann Lena an und runzelt die Stirn. Dann aber klappt sie das Heft zu und legt es auf den Stapel mit den anderen Matheheften. „Glück gehabt“, denkt Lena erleichtert. Als sie am Abend mit ihren Eltern beim Abendbrot sitzt, klingelt das Telefon. Papa nimmt den Hörer ab, und plötzlich hört Lena ihn sagen: „Guten Abend, Frau Kunstmann!“

Darüber solltet ihr sprechen …

1. Warum hat Lena die Unterschrift gefälscht?
2. Wie fühlt sich Lena, als sie ihren Papa mit Frau Kunstmann telefonieren hört?
3. Was wird Lenas Papa wohl nach dem Telefonat zu Lena sagen?
4. Was soll Lena ihrem Papa entgegnen? Was würdest du an Lenas Stelle sagen?
5. Was denken Lenas Eltern jetzt?
6. Was soll Lenas Papa am Telefon zu Frau Kunstmann sagen?
7. Wie findest du Frau Kunstmanns Verhalten?
8. Wie hätten sich Lena, ihr Papa und Frau Kunstmann verhalten müssen, damit alles gut wird?

Jetzt seid ihr selbst an der Reihe …

Schreiben

- ❐ Wie könnte die Geschichte ausgehen? Schreibe sie zu Ende.
- ❐ Stell dir vor, Lena hätte die Unterschrift nicht gefälscht, sondern ihren Eltern die Arbeit gezeigt. Wie wäre die Geschichte dann verlaufen? Schreibe sie auf.
- ❐ Lena schreibt ihrer Cousine eine Woche später eine E-Mail, in der sie ihr alles erzählt. Schreibe Lenas E-Mail.

Weiterspielen

- ❐ Spielt ein Streitgespräch zwischen Lena und ihren Eltern nach dem Telefonat.
- ❐ Stellt euch vor, Frau Kunstmann stellt Lena zur Rede. Spielt die Szene mit verteilten Rollen.

ERWISCHT! 2

Juri schreibt heute eine Mathearbeit. Er muss dafür die 11er-, 12er- und 13er-Reihe können. Aber außer der 11er-Reihe kann er sich keine der Reihen merken. Deswegen hat er sich für die 12er- und 13er-Reihe einen kleinen Spickzettel gemacht. Er hat ihn am Computer getippt, weil man die Schrift dann ganz klein einstellen kann. Dann ist der Spickzettel später nicht so groß. Vor der Arbeit schiebt er seinen Spickzettel schnell unter sein Mäppchen. Er braucht es jetzt nur leicht anzuheben, dann kann er alles ablesen. Nicht einmal seine Freundin Jasmin neben ihm hat etwas bemerkt. Während der Arbeit ist auf einmal Jasmins Tintenpatrone leer. Noch ehe Juri es verhindern kann, zieht Jasmin Juris Mäppchen zu sich rüber, weil sie sich einen Stift ausleihen möchte. Dabei kommt der Spickzettel natürlich zum Vorschein. Er liegt jetzt offen vor Jasmin auf dem Tisch. Jasmin hebt ihn auf. Da fragt Frau Sterneck: „Was ist das für ein Zettel, Jasmin?“ Schon kommt sie geradewegs auf Jasmin zu und hält ihr fordernd die Hand entgegen. Juri bekommt einen riesigen Schreck. Mist, warum konnte Jasmin auch nicht die Finger von meinem Federmäppchen lassen, denkt er. „Der ist nicht von mir!“, beteuert Jasmin aufgeregt und gibt Frau Sterneck den Zettel. Frau Sterneck blickt auf den Zettel und sagt dann: „Also, wenn du schon schummelst, dann solltest du jetzt wenigstens dazu stehen. Deine Arbeit kann ich so natürlich nicht bewerten.“

Darüber solltet ihr sprechen ...

1. Hätte Juri seiner Freundin erzählen sollen, dass er einen Spickzettel unter seinem Mäppchen hat? Begründe.
2. Wer trägt Schuld daran, dass die Sache mit dem Spickzettel auffliegt: Juri oder Jasmin? Begründe.
3. Frau Sterneck glaubt Jasmin nicht, dass der Zettel nicht von ihr sei. Wie findest du Frau Sternecks Verhalten? Kannst du ihre Meinung nachvollziehen?
4. Wie hätte sich Frau Sterneck noch verhalten können?
5. Wie soll Juri sich verhalten, als Jasmin von Frau Sterneck verdächtigt wird?

Jetzt seid ihr selbst an der Reihe ...

Schreiben

- ☐ Wie könnte die Geschichte weitergehen? Schreibe sie zu Ende.
- ☐ Frau Sterneck fragt: „Wem gehört denn dieser Spickzettel dann?“ Schreibe ein passendes Ende zu der Geschichte.

Weiterspielen

- ☐ Jasmin wird zu Unrecht von Frau Sterneck beschuldigt. Sie soll in der nächsten Woche die Arbeit noch einmal schreiben. Juri sagt jetzt immer noch nicht, dass das sein Zettel ist. Zu Hause erzählt Jasmin verzweifelt ihren Eltern von dem Vorfall. Spielt diese Szene nach.
- ☐ Macht ein Standbild zu der Szene, in der Jasmin „erwischt“ wird.

IMMER ERREICHBAR 3

Lina fährt mit ihrer Klasse auf Klassenfahrt an die Schlei. Als ihre Mama sie am Morgen zum Bus bringt, steckt sie Lina noch schnell ihr Handy in die Jackentasche. Sie sagt: „Dann kannst du uns immer anrufen, wenn was ist. Und ich will, dass du es immer angeschaltet dabei hast, damit wir dich auch immer erreichen können. Versprichst du mir das?“ „Ja, Mama“, versichert Lina. „Viel Spaß, mein Schatz“, flüstert ihre Mama ihr noch schnell ins Ohr und drückt ihr einen dicken Kuss auf die Wange. Als der Bus gerade losgefahren ist, macht der Busfahrer eine kleine Ansage. „Liebe Kinder, herzlich willkommen an Bord des Schlei-Express. Ich bin Rüdiger und bringe euch sicher an euer Ziel. Und noch eine kleine Bitte: Macht alle eure Handys aus. Sonst ist mein Navigationsgerät gestört, und wir landen in Timbuktu!“ Lina zögert einen Moment, lässt dann aber ihr Handy doch heimlich angeschaltet. Wenig später klingelt es auch schon. Alle Kinder schauen sie an, auch Frau Claaßen dreht sich um. Es ist ihre Mama, und Lina nimmt den Anruf an. „Vergiss nicht, dich mit Sonnenkreme einzuschmieren, wenn ihr Kanu fahren geht!“, ruft Mama durch den Hörer. Lina verspricht, an die Sonnenkreme zu denken, und legt auf. Frau Claaßen sagt: „Lina, mach das Handy aus! Du hast doch gehört, was passieren kann, wenn das Navigationssystem versagt!“ Doch Lina entgegnet: „Nein, das geht nicht! Meine Mama hat gesagt, dass ich immer erreichbar sein muss!“

Darüber solltet ihr sprechen …

1. Warum macht Lina ihr Handy nicht aus, obwohl der Busfahrer alle Kinder darum bittet?
2. Was glaubst du: Warum möchte Linas Mama, dass Lina immer erreichbar ist?
3. Wie findest du es, dass Lina immer erreichbar sein soll? Geht das überhaupt?
4. Frau Claaßen möchte, dass Lina das Handy ausmacht. Linas Mama möchte aber, dass Lina immer erreichbar ist. Was soll Lina jetzt machen?
5. Was könnte Lina tun, um es sowohl ihrer Mama als auch dem Busfahrer und Frau Claaßen recht zu machen?

Jetzt seid ihr selbst an der Reihe …

Schreiben

- ❒ Wird Frau Claaßen Lina erlauben, das Handy anzulassen? Schreibe zu Ende.
- ❒ Lina macht das Handy kurz aus, damit Frau Claaßen Ruhe gibt. Dann aber macht sie es doch wieder an. Was könnte passieren? Schreibe zu Ende.

Weiterspielen

- ❒ Lina macht das Handy aus. Als sie es abends wieder anmacht, hat ihre Mama schon zehnmal versucht, sie zu erreichen, und ihr besorgt auf die Mailbox gesprochen. Lina ruft ihre Mama nun schnell zurück. Spielt das Telefongespräch mit verteilten Rollen.

TROTZDEM EINE EINS 4

Pernille kommt aus Dänemark. Seit einem Jahr wohnt sie aber schon mit ihren Eltern in Deutschland, weil ihr Papa hier einen guten Job angeboten bekommen hat. „Das ist eine große Chance für uns, wenn wir für ein paar Jahre ins Ausland gehen! Ihr lernt richtig gut deutsch, und ich verdiene einen Haufen Geld!“, hat ihr Papa gesagt. Am Anfang hat Pernille großes Heimweh gehabt nach Dänemark und ihren Freunden. Doch mittlerweile hat sie sich schon sehr gut eingelebt. Sie hat neue Freunde gefunden, und sie kann auch schon sehr gut deutsch sprechen. Nur beim Schreiben macht sie noch viele Fehler. Heute aber lobt Frau Rosenmaier Pernille vor der ganzen Klasse für ihre gute Deutscharbeit: „Pernille hat eine wirklich schöne und spannende Abenteuergeschichte geschrieben. Eine Eins! Sehr schön gemacht, Pernille!“ Dann darf Pernille ihren Text sogar vor der Klasse vorlesen. Am Ende klatschen alle begeistert. Außer Noah. Wütend sagt er: „Frau Rosenmaier, das ist total unfair! Zu mir haben Sie gesagt, dass ich nur eine Zwei habe, weil ich so viele Rechtschreibfehler gemacht habe. Sonst wäre es ’ne Eins geworden. Aber Pernille hat eine eins, und sie hat viel mehr Fehler gemacht als ich. Ich will, dass sie auch eine Zwei kriegt, wenn ich eine habe!“ Doch Frau Rosenmaier antwortet: „Bei Pernille kann ich die Fehler nicht so streng bewerten. Sie lernt ja erst seit einem Jahr deutsch! Deswegen hat sie die Eins trotzdem verdient!“

Darüber solltet ihr sprechen …

1. Warum beschwert sich Noah? Kannst du seine Wut verstehen? Begründe.
2. Wie fühlt sich Pernille, als Noah sich beschwert wegen ihrer Eins?
3. Noah will, dass Pernille auch nur eine Zwei bekommt wegen der vielen Fehler, die sie gemacht hat. Was hältst du von Noahs Vorschlag?
4. Ist Frau Rosenmaier unfair, weil sie Pernille eine Eins gegeben hat? Sollte sie bei Pernille die Fehler genauso streng bewerten wie bei Noah? Begründe.
5. Sollte Noah auch eine Eins kriegen? Begründe.
6. Was könnte Frau Rosenmaier tun, damit sich niemand ungerecht behandelt fühlt?

Jetzt seid ihr selbst an der Reihe …

Schreiben

- ❒ Was wird Noah zu Frau Rosenmaiers Erklärung sagen? Schreibe die Geschichte zu Ende.
- ❒ Pernille ist traurig über Noahs Reaktion. Sie fängt auf einmal an, zu weinen. Schreibe die Geschichte zu Ende.

Weiterspielen

- ❒ Noah sagt: „Pernille hat nur eine Eins, weil sie Ihr Lieblingskind ist!“ Macht ein Rollenspiel zu dieser Szene.
- ❒ Pernille erzählt ihren Eltern von Noahs Reaktion. Ihre Eltern ärgern sich und wollen sich bei Frau Rosenmaier über Noah beschweren. Pernille möchte das nicht. Macht ein Rollenspiel dazu.

© Verlag an der Ruhr • Postfach 10 22 51 • 45422 Mülheim an der Ruhr • www.verlagruhr.de • ISBN 978-3-8346-0549-8

JAKOBS NEUES TASCHENMESSER 5

Jakob hat zum 8. Geburtstag ein neues Taschenmesser geschenkt bekommen. Schon lange hat er sich dieses schöne rote Klappmesser gewünscht. „Sei aber schön vorsichtig damit, mein Schatz“, hat seine Oma gesagt, als sie ihm das Taschenmesser geschenkt hat. Als er es gleich am nächsten Morgen mit zur Schule nehmen möchte, ist seine Mama dagegen. Sie sagt: „Du kannst hier bei uns im Garten damit spielen. Aber in der Schule ist das zu gefährlich.“ „Ich will es nur Bastian zeigen!“, beteuert Jakob, doch seine Mama lässt sich nicht umstimmen. Doch dann steckt er es einfach heimlich in seine Schultasche. In der Schule bewundern Bastian und die anderen Kinder sein Messer. Jakob erzählt: „Dieses Messer ist so scharf, damit kann man alles durchschneiden. Das zeig ich euch später.“ In der Pause geht er mit den anderen Kindern zu der Buchsbaumhecke am Lehrerparkplatz. Er möchte ein paar Zweige davon abschneiden, um sein Messer zu demonstrieren. Doch plötzlich steht Frau Kleinestuber hinter ihm. „Jakob, was machst du denn da? Du kannst doch nicht einfach an der Hecke rumschneiden! Und woher hast du überhaupt das Messer?“ „Von meiner Oma“, sagt Jakob. „Weißt du, wie gefährlich das ist? Du könntest ein anderes Kind damit verletzen.“ „Ich pass doch auf“, gibt Jakob zurück. „Nein, Jakob, du gibst mir jetzt das Messer.“ „Nein, das ist mein Messer. Sie dürfen es mir gar nicht wegnehmen!“

Darüber solltet ihr sprechen …

1. Warum verbietet Jakobs Mama, dass er das Taschenmesser mit zur Schule nimmt?
2. Sollte seine Mama es ihm nicht doch erlauben? Schließlich möchte Jakob es seinen Freunden nur zeigen. Begründe.
3. Ist Jakob alt genug, um mit einem Taschenmesser verantwortungsvoll umzugehen? Begründe.
4. Wie findest du die Reaktion von Frau Kleinestuber, als sie Jakob mit dem Messer sieht?
5. Jakob sagt, dass Frau Kleinestuber ihm das Messer nicht wegnehmen dürfe, weil das sein Messer sei. Hat er Recht? Begründe.

Jetzt seid ihr selbst an der Reihe …

Schreiben

❒ Frau Kleinestuber nimmt Jakob das Messer ab und sagt: „Deine Eltern können sich das Messer bei mir abholen, wenn sie mit dir zum Gespräch kommen.“ Wie könnte die Geschichte weitergehen? Schreibe sie zu Ende.

Weiterspielen

❒ Frau Kleinestuber hat Jakob das Messer abgenommen. Sie hat es Jakobs Mama am Mittag zurückgegeben, als sie ihn von der Schule abgeholt hat. Zu Hause diskutieren Jakob, seine Eltern und seine Oma über das Messer. Seine Mama will sogar, dass die Oma das Messer ins Geschäft zurückbringt … Spielt diese Szene mit verteilten Rollen.

VERMEINTLICHER HANDY-DIEBSTAHL 6

Jannik ist der coolste Junge der Klasse. Er hat den schrägsten Haarschnitt, die coolsten Schuhe und seit Neustem sogar ein Handy. In der Mathestunde klingelt sein Handy plötzlich, natürlich mit einem fetzigen Klingelton. Jannik hat einfach nicht daran gedacht, den Stumm-Modus einzustellen. Mit einem lässigen „Sorry!“ macht er das Handy aus, während die anderen Kinder darüber lachen. Frau Wiesenfeld schimpft: „Das kann ja wohl nicht angehen! Du gibst mir sofort das Handy! Deine Mutter kann es sich bei mir abholen, wenn sie zum Gespräch kommt!“ Nur widerwillig legt Jannik sein Handy in ihre fordernde Hand. Als er nach der Stunde mit Tim als letzter den Klassenraum verlässt, sieht er vorne auf dem Pult ein Handy liegen.

„Ey sauber, Frau Wiesenfeld hat mein Handy auf dem Tisch vergessen!“, freut er sich triumphierend. Doch dann erkennt er, dass da gar nicht sein Handy liegt. „Das ist bestimmt Frau Wiesenfelds Handy. Wir müssen es ihr zurückgeben. Vielleicht bekommst du dann auch dein Handy wieder, so als Finderlohn“, mutmaßt Tim. „Quatsch, das glaubst du doch wohl selbst nicht!“, ruft Jannik entschieden. „Wir schauen uns jetzt erst mal alle ihre Handyfotos an, und dann schmeiß ich ihr blödes Handy in die Elbe.“
Tim grinst erst, doch schon im nächsten Augenblick macht er ein ernstes Gesicht und sagt mit fester Stimme: „Das ist Diebstahl, Jannik!“ „Nein, das ist nur gerecht – meins hat sie ja auch genommen!“, erwidert Jannik.

Darüber solltet ihr sprechen ...

1. Wie findest du Janniks Verhalten, als sein Handy klingelt?
2. Wie findest du Frau Wiesenfelds Reaktion auf Janniks Verhalten? Warum reagiert sie so verärgert?
3. Wie hätten sich Jannik und Frau Wiesenfeld verhalten können, damit es nicht zu einem Konflikt kommt?
4. Soll Jannik Frau Wiesenfeld das Handy zurückgeben? Begründe.
5. Was hältst du von Janniks Plan?
6. Jannik möchte Frau Wiesenfeld ihr Handy nicht zurückbringen. Begeht er damit Diebstahl, oder ist sein Verhalten gerechtfertigt? Begründe.

Jetzt seid ihr selbst an der Reihe ...

Schreiben

- ❐ Schreibe die Geschichte weiter.
- ❐ Janniks Papa ist empört, dass Frau Wiesenfeld Janniks Handy mitgenommen hat. Er schreibt ihr eine Beschwerde-E-Mail. Schreibe diese Mail.

Weiterspielen

- ❐ Janniks Mama geht mit Jannik zu Frau Wiesenfeld, um das Handy abzuholen. Macht ein Rollenspiel zu dieser Szene.

Gestalten

- ❐ Erzähle das Ende der Geschichte in Form einer Bildergeschichte.
- ❐ Im Unterricht klingelt Janniks Handy. Zeichne eine Karikatur zu dieser Szene.

EINE SPENDE FÜR HERRN BISSI 7

Herr Burkhardt macht der 3b heute eine besondere Ankündigung: „Morgen in der dritten Stunde bekommen wir Besuch. Herr Bissi aus Afrika kommt zu uns. Er ist Priester in Kamerun und möchte uns von den Kindern dort erzählen. Er wird uns auch Fotos zeigen und uns ein afrikanisches Lied beibringen." Leon überlegt: Herr Bissi kommt aus Afrika, daher, wo die Menschen nichts zu essen haben. Das hat ihm seine Mama neulich noch erzählt, als sie an diesem großen Plakat vorbeigelaufen sind. ‚Brot für die Welt' stand auf dem Plakat. „Warum steht da Brot für die Welt?", hat Leon seine Mama gefragt. „Das bedeutet, dass man Essen und Geld spenden soll für die Menschen in Afrika, weil die Menschen dort nichts zu essen haben und ganz arm sind", hat seine Mama geantwortet.

Leon beschließt deshalb, Herrn Bissi morgen die 20 € zu schenken, die er am Sonntag von seiner Oma bekommen hat. Und sein Pausenbrot kann er natürlich auch haben. Als Herr Bissi dann am nächsten Tag da ist, wundert sich Leon schon ein bisschen: Besonders arm und hungrig sieht er nicht aus. Nach der Stunde geht Leon aber sicherheitshalber doch zu ihm und gibt ihm die 20 € und sein Pausenbrot. Herr Bissi lächelt zwar, aber sieht dabei doch etwas unbeholfen aus. Gerade möchte Leon ihm seine Spende erklären, da fährt Herr Burkhardt ihn ärgerlich an. „Was soll denn dieser Blödsinn schon wieder, Leon? Findest du das lustig?"

Darüber solltet ihr sprechen …

1. Warum will Leon Herrn Bissi sein Geld und sein Pausenbrot schenken?
2. Wie findest du Leons Verhalten?
3. Warum reagiert Herr Bissi so unbeholfen?
4. Warum ist Herr Burkhardt so verärgert? Hat Leon sich etwa einen Scherz erlaubt?
5. Hat Leons Mama Leon eine falsche Information vermittelt, als sie ihm erklärt hat, was das Plakat bedeutet?
6. Was soll Leon Herrn Burkhardt antworten?

Jetzt seid ihr selbst an der Reihe …

Schreiben

- ❐ Herr Burkhardt ruft später zu Hause bei Leons Mama an. Er sagt, Leon habe sich einen schlechten Scherz erlaubt. Wie geht die Geschichte weiter? Schreibe sie zu Ende.

Weiterspielen

- ❐ Herr Burkhardt ist sehr wütend auf Leon. Er verlangt von Leon, dass er sich bei Herrn Bissi entschuldigt. Was könnte Leon Herrn Burkhardt antworten? Was könnte Herr Bissi sagen? Spielt diese Szene mit verteilten Rollen.

GEHEIMER BRIEFWECHSEL 8

Frau Jessen ist Melinas Lieblingslehrerin. Sie ist unheimlich nett und verständnisvoll und schimpft fast nie. Alle Kinder mögen sie. Sie lacht sehr viel und kann gut erklären. Außerdem gibt es niemanden auf der Welt, der besser vorlesen kann als Frau Jessen, denkt Melina. Aber sie kennt auch niemanden, der dicker ist als Frau Jessen. Frau Jessen ist wirklich der dickste Mensch, den Melina jemals gesehen hat. Wenn sie läuft, wackelt sie von einem Bein aufs andere und schnaubt dabei ziemlich laut. Ihr Papa hat mal gesagt, dass Frau Jessen ihn an eine fette Qualle erinnere.

In der Deutschstunde fällt Melina das plötzlich wieder ein, als sie Frau Jessen ansieht. Sie muss lachen und schreibt auf einen Zettel: *Frau Jessen sieht aus wie eine fette Qualle.* Den Zettel lässt sie ihrer Freundin Hannah zukommen. Hannah liest ihn und lächelt. Dann schreibt sie auch etwas auf den Zettel und schickt ihn wieder zurück. Als Melina ihn aufklappt, steht dort: *Stimmt. Ihr Bauch ist bestimmt auch so wabbelig wie eine Qualle.* Melina kichert in sich hinein und schreibt nun: *Ja, der wabbelt schon unter ihrer Bluse herum.* Gerade will sie ihr Briefchen zu Hannah rüber schicken, da sagt Frau Jessen: „Melina, lies uns doch laut vor, was du Hannah Schönes geschrieben hast." „Das ist ein Briefgeheimnis", entgegnet Melina schnell. Da sagt Frau Jessen: „Dann bitte ich dich, mir den Zettel zu geben. Euren geheimen Briefwechsel könnt ihr nach der Stunde fortsetzen."

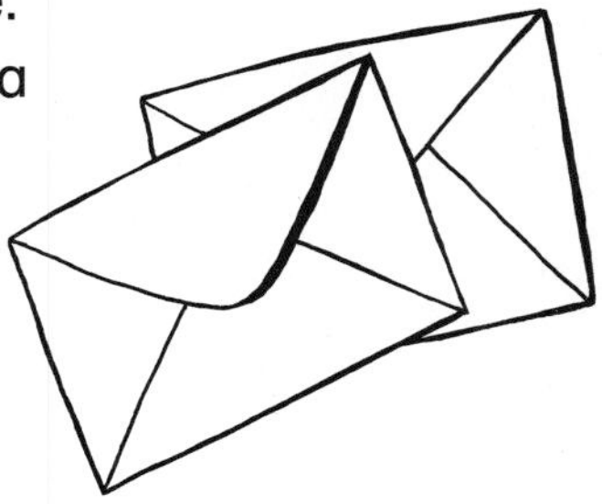

Darüber solltet ihr sprechen ...

1. Was glaubst du: Warum lästern Melina und Hannah über Frau Jessen? Eigentlich mögen sie Frau Jessen doch ...
2. Warum möchte Frau Jessen, dass Melina ihr den Brief laut vorliest?
3. Warum sagt Melina: „Das ist ein Briefgeheimnis"?
4. Warum möchte Frau Jessen den Brief haben? Verletzt sie damit nicht Melinas Briefgeheimnis?
5. Was würde Frau Jessen denken, wenn sie den Brief liest?
6. Was haben Melina und Hannah falsch gemacht?
7. Was soll Melina jetzt mit dem Brief machen?

Jetzt seid ihr selbst an der Reihe ...

Schreiben

- ❒ Was wird Melina tun? Schreibe die Geschichte zu Ende.
- ❒ Jannes reißt Melina den Brief aus der Hand und liest ihn laut vor. Alle Kinder lachen. Melina und Hannah tut Frau Jessen jetzt sehr leid. Sie schreiben ihr später einen Entschuldigungsbrief. Schreibe ihren Brief.

Weiterspielen

- ❒ Melina gibt Frau Jessen den Brief. Als sie ihn später wieder abholen will, hat Frau Jessen ihn offenbar schon gelesen und sagt: „Ich bin sehr enttäuscht!" Spielt diese Szene mit verteilten Rollen.

DIE GEKLAUTE GRUSELGESCHICHTE (9)

In Deutsch hat Toms Klasse heute eine spannende Hausaufgabe aufbekommen: Sie sollen eine Gruselgeschichte schreiben. Die Wörter Gespenst, Höhle und Feuerwehr sollen in der Geschichte vorkommen. Tom setzt sich gleich nach der Schule an die Geschichte. Er hat sie sich schon auf dem Nachhauseweg überlegt. Am nächsten Tag in der Pause kommt Dennis angerannt und sagt: „Mir ist keine gute Gruselgeschichte eingefallen. Kann ich deine Geschichte abschreiben? Sonst habe ich keine Hausaufgaben dabei, und Frau Harder schimpft bestimmt.“ Etwas widerwillig gibt Tom ihm das Heft. „Aber wehe, du meldest dich mit meiner Geschichte“, warnt Tom. In der Stunde sagt Frau Harder: „Wir machen jetzt einen Gruselwettbewerb. Immer drei Kinder lesen vor, und dann stimmen die anderen ab, welche Geschichte am gruseligsten war. Die Sieger bekommen heute hausaufgabenfrei.“ Dann sagt sie: „Dennis, fang du bitte an!“ Dennis schaut unsicher zu Tom, doch dann liest er Toms Geschichte einfach vor. Frau Harder lobt ihn: „Prima! Das war ja zum Fürchten.“ Tom merkt, wie sich Wut in ihm breit macht. Und ausgerechnet jetzt ruft Frau Harder ihn auf: „Tom, magst du uns deine Geschichte auch vorlesen?“ Tom beginnt, vorzulesen, doch schon nach wenigen Sätzen unterbricht Frau Harder ihn. „Das ist doch Dennis’ Geschichte!“, sagt sie. „Wir haben das zusammen gemacht“, sagt Dennis schnell, ehe Tom überhaupt antworten kann.

Darüber solltet ihr sprechen …

1. Warum gibt Tom seinem Mitschüler Dennis nur widerwillig das Heft?
2. Warum schaut Dennis unsicher zu Tom rüber, als er aufgefordert wird, seine Geschichte vorzulesen?
3. Wie sollte Dennis sich jetzt verhalten?
4. Wie fühlt sich Tom, als Dennis seine Geschichte vorliest?
5. Warum sagt Tom nicht, dass das seine Geschichte ist?
6. Was hältst du von Dennis’ Antwort „Wir haben das zusammen gemacht“? Ist damit das Problem gelöst?
7. Wie soll sich Tom jetzt verhalten?

Jetzt seid ihr selbst an der Reihe …

Schreiben

- ❒ Wie geht die Geschichte weiter? Schreibe sie zu Ende.
- ❒ Frau Harder sagt: „Wenn ihr die Geschichte zusammen geschrieben habt, dann brauchen wir uns dieselbe Geschichte von Tom ja nicht noch einmal anzuhören.“ Tom ist jetzt sehr wütend. Wie geht die Geschichte weiter? Schreibe sie zu Ende.

Weiterspielen

- ❒ Toms Freund Jasper verrät: „Das stimmt gar nicht. Dennis hat die Geschichte eben noch von Tom abgeschrieben.“ Macht ein Rollenspiel zu dieser Szene.

DAS KREIDE-TRAMPEL-WEITSPRUNG-SPIEL 10

In der Deutschstunde muss Frau Bülow ausnahmsweise aus der Klasse gehen, weil sie einen wichtigen Anruf erwartet. Joshuas Blick fällt zufällig auf die bunten Kreidestücke, die vorne auf dem Pult liegen. Ganz unverhofft kommt ihm eine lustige Idee. Sogleich steht er auf, legt die Kreide auf den Boden und trampelt darauf rum, bis nur noch buntes Kreidepulver übrig ist. „Bor Joshua, was soll das denn?“, stöhnt Kathi. „Das ist die ultimative Weitsprung-Farbe!“, ruft er feierlich. Er stellt sich in das Kreidepulver, federt etwas darin rum und macht einen weiten Sprung aus dem Stand heraus. Dann tritt er zur Seite und tatsächlich, man kann seinen Schuhabdruck sehen. „Wie geil!“, ruft Martin. „Ich will auch mal probieren“, sagt Alex. Und schon stehen mehrere Kinder vorne, testen die Weitsprungfarbe aus und wetten, wer am weitesten springt. Schnell ist der ganze Boden mit Fußabdrücken übersät. Doch plötzlich steht Frau Bülow wieder in der Klasse. „Seid ihr noch zu retten? So eine Schweinerei! Auch Kreide kostet Geld! Die pure Materialverschwendung ist das!“, schimpft sie. „Wer hat damit angefangen?“, möchte sie dann noch wissen. Niemand sagt etwas. Auch Kathi petzt nicht. Da sagt Frau Bülow entschieden: „Na gut, wenn es keiner gewesen sein will, dann müssen eben alle die Konsequenzen tragen. In der Pause machen wir alle gemeinsam diese Sauerei weg. So etwas kann man den Reinigungsfrauen nämlich nicht zumuten!“

Darüber solltet ihr sprechen …

1. Warum ist Frau Bülow so verärgert, als sie wieder in die Klasse kommt?
2. Was meint Frau Bülow mit Materialverschwendung?
3. Warum sagt niemand in der Klasse, wer mit dem Spiel angefangen hat?
4. Frau Bülow sagt, dass alle saubermachen müssen, wenn es niemand gewesen sein will. Was meint sie damit?
5. Findest du auch, dass alle sauber machen müssen? Oder ist das ungerecht? Begründe.
6. Sollte nicht spätestens jetzt jemand sagen, dass Joshua damit angefangen hat? Begründe.
7. Was könnte Joshua jetzt tun?

Jetzt seid ihr selbst an der Reihe …

Schreiben

❐ Joshua bekommt ein schlechtes Gewissen, als er hört, dass seine Mitschüler seinetwegen auf die Pause verzichten müssen. Schreibe ein passendes Ende zu der Geschichte.

Weiterspielen

❐ Kathi hat keine Lust, auf die Pause zu verzichten. Sie sagt: „Joshua hat damit angefangen. Er soll jetzt auch die Klasse wieder sauber machen!“ Spielt die Geschichte mit verteilten Rollen zu Ende.

Gestalten

❐ Erzähle die Geschichte in Form einer kleinen Bildergeschichte. Gestalte auch ein passendes Ende.

DER VERSCHWUNDENE FUNKEL-RING 11

Paula liebt alles, was glitzert und funkelt. Und Vanessa aus ihrer Klasse hat jetzt als einzige einen Ring mit einem Funkelstern drauf. Wunderschön ist dieser Ring. Stolz zeigt Vanessa ihn in der Klasse herum. Selbst Frau Larsen muss den Ring bewundern: „Oh, der sieht ja edel aus!“, sagt sie. Im Sportunterricht ermahnt Frau Larsen Vanessa. „Du musst den Ring ausziehen. Beim Turnen ist das zu gefährlich, wenn man Schmuck trägt.“ Vanessa legt den Ring auf die Holzbank. Paula muss die ganze Stunde auf dieser Bank sitzen, weil sie ihre Turnsachen vergessen hat und nicht mitmachen kann. Während die anderen turnen, starrt sie immer wieder auf den Funkel-Ring. Ob ich ihn mal anprobiere?, denkt sie und greift nach dem Ring. Und auf einmal ist er schwups in ihrer Hosentasche verschwunden. Paula wagt es kaum, sich zu bewegen. Als Vanessa nach der Stunde ihren Ring nicht findet, ist sie außer sich. „Mein Ring ist weg!“, schreit sie und weint. „Er ist sicher nur runter gefallen“, sagt Paula und blickt suchend auf den Boden. Da sagt Vanessa: „Vielleicht ist er ja geklaut. Frau Larsen, können Sie nicht bei allen die Taschen nachsehen?“ Paula erschrickt und blickt ängstlich zu Frau Larsen rüber. „Wenn wir ihn nicht finden, muss ich das wohl leider machen und mit jedem einzeln vor die Türe gehen und nachsehen“, droht Frau Larsen mit hochgezogenen Augenbrauen. Paula wird plötzlich ganz heiß. Was soll sie jetzt machen?

Darüber solltet ihr sprechen …

1. Was glaubst du: Hat Paula den Ring wirklich stehlen wollen? Begründe deine Einschätzung.
2. Warum könnte Paula den Ring eingesteckt haben?
3. Warum sagt Paula, dass der Ring auch runter gefallen sein könnte?
4. Wie findest du Vanessas Vorschlag, dass Frau Larsen bei jedem einzeln die Taschen kontrollieren soll?
5. Sollte Frau Larsen das tun? Begründe.
6. Wie soll Paula sich jetzt verhalten?

Jetzt seid ihr selbst an der Reihe …

Schreiben

- ❐ Paula legt den Ring unauffällig zurück, doch ein anderes Kind beobachtet das. Schreibe die Geschichte zu Ende.
- ❐ Frau Larsen kontrolliert tatsächlich bei allen Kindern die Taschen. Sie findet den Ring bei Paula … Schreibe die Geschichte zu Ende.

Weiterspielen

- ❐ Ein anderes Kind beschwert sich: „Wenn Sie bei allen die Taschen kontrollieren, dann glauben Sie ja wirklich, dass einer von uns den Ring gestohlen hat! Das finde ich gemein!“ Macht ein Rollenspiel zu dieser Szene.

DER REISENERZÄHLER 12

Marvin hat eine blühende Fantasie. Am liebsten denkt er sich aufregende Reisen aus, die er angeblich mit seinen Eltern unternommen hat. Er erzählt: „In den letzten Ferien waren wir in Afrika. Da sind wir auf den höchsten Berg, den Kilimandscharo, gestiegen. Und von oben konnten wir fast die ganze Welt sehen. Als uns dann langweilig geworden ist, haben wir uns einen Fallschirm gekauft und sind einfach wieder nach unten geflogen." Seine Mitschüler sind immer fasziniert und manchmal auch ein bisschen neidisch auf Marvins tolle Erlebnisse. Später in der Sachunterrichtsstunde spricht Marvins Klasse mit Frau Kröger zufällig über Afrika. Frau Kröger hat ihnen nämlich erzählt, dass sie bald Besuch von einem afrikanischen Lehrer bekommen werden, der dort an ihrer Partnerschule arbeitet. Sie fragt: „War jemand von euch schon mal in Afrika?"
Niemand in Marvins Klasse zeigt auf, doch einige Kinder schauen erwartungsvoll zu Marvin rüber. Marvin fühlt sich etwas unbehaglich. Er rutscht auf seinem Stuhl hin und her und schaut verlegen auf den Tisch. Da ruft Felix: „Doch, Marvin war schon mal in Afrika, hat er heute noch erzählt. Er ist da mit einem Fallschirm vom höchsten Berg runter geflogen." Marvin merkt, wie sein Gesicht plötzlich ganz heiß wird. Er schaut Frau Kröger kurz an. Frau Kröger lächelt und fragt mit einem seltsamen Unterton: „Das hast du gesagt, Marvin?"

Darüber solltet ihr sprechen ...

1. Was glaubst du: Warum erzählt Marvin seinen Mitschülern solche Flunkergeschichten?
2. Warum fühlt sich Marvin unbehaglich, als Frau Kröger fragt: „War jemand von euch schon mal in Afrika?" Woran kannst du sein Befinden erkennen?
3. Warum hat Frau Krögers Stimme einen seltsamen Unterton, als sie ihn auf sein Afrika-Erlebnis anspricht?
4. Wie findest du Felix' Verhalten? Hat er Marvin verpetzt? Hat er sich falsch verhalten? Begründe.
5. Wie soll Marvin sich verhalten? Was soll er Frau Kröger antworten?

Jetzt seid ihr selbst an der Reihe ...

Schreiben

- ❐ Marvin gibt nicht zu, dass er gelogen hat. Schreibe die Geschichte zu Ende.
- ❐ Marvin möchte Frau Kröger gerade die Wahrheit sagen, da fällt ihm eine neue Flunkergeschichte ein, mit der er sich rausreden kann. Schreibe die Geschichte zu Ende.

Weiterspielen

- ❐ Marvin sagt: „Felix und die anderen haben da was falsch verstanden!" Spielt diese Szene mit verteilten Rollen.

Gestalten

- ❐ Male eine Szene aus Marvins Flunkergeschichte.

FALSCHER ALARM 13

Simon und Frederik interessieren sich für die Feuerwehr. Als sie nach der Schule allein im Flur sind und ihre Jacken anziehen, sagt Simon: „Wenn es in der Schule qualmt oder brennt, dann geht sofort der Rauchmelder da oben los. Ich zeig dir das mal.“ Er nimmt sein Lineal aus seiner Schultasche, zieht ein Feuerzeug aus seiner Hosentasche und zündet sein Lineal an. Sofort fängt es furchtbar an zu schmoren und zu qualmen. Und tatsächlich springt der Rauchmelder an. Doch plötzlich beginnt Simons Lineal, richtig zu brennen. Simon schmeißt es panisch auf den Boden. Fredrick versucht sofort, das Feuer auszutreten, während Simon schon hastig auf den roten Feueralarm-Knopf an der Wand drückt. „Spinnst du!“, schreit Frederik.

„Jetzt kommt die Feuerwehr!“ Das Feuer hat Frederik im letzten Moment noch austreten können. „Los, lass uns abhauen!“, ruft Simon. Sie rennen davon. Doch am nächsten Tag kommt Frau Gessner mit einem Feuerwehrmann und einem Polizisten in die Klasse. Simon und Frederik schauen sich erschrocken an. Sie erkennen Simons verkokeltes Lineal, das der Feuerwehrmann in einer durchsichtigen Tüte in der Hand hält. Der Polizist sagt: „Gestern wurde in eurer Schule ein Fehlalarm ausgelöst. Die Feuerwehr musste umsonst ausrücken. So ein Einsatz ist sehr teuer. Die Eltern von dem, der dafür verantwortlich ist, müssen den Einsatz bezahlen. Wenn ihr etwas wisst, dann seid ihr verpflichtet, es uns mitzuteilen!“

Darüber solltet ihr sprechen …

1. Warum zündet Simon sein Lineal an?
2. Wie würdest du seine Tat beschreiben?
3. Warum rennen Simon und Frederik schließlich davon, nachdem sie den Feueralarm ausgelöst haben?
4. Warum sind Simon und Frederik so erschrocken, als Frau Gessner mit dem Feuerwehrmann in die Klasse kommt?
5. Was will der Feuerwehrmann mit dem verkokelten Lineal?
6. Was geht Simon und Frederik jetzt durch den Kopf?
7. Sollte Frederik sagen, dass Simon den Alarm ausgelöst hat? Begründe.
8. Sollte Simon sagen, dass er den Alarm ausgelöst hat? Begründe.

Jetzt seid ihr selbst an der Reihe …

Schreiben

- ❒ Der Polizist will mit jedem Schüler eine Zeugenbefragung durchführen. Was werden Simon und Frederik jetzt tun? Schreibe die Geschichte zu Ende.
- ❒ Frederik streckt auf einmal langsam seinen Finger nach oben … Schreibe die Geschichte zu Ende.

Weiterspielen

- ❒ Kira sagt: „Das ist doch Simons Lineal!“ Macht ein Rollenspiel dazu.
- ❒ Nach der Schule sagt Frederik: „Du hast doch gehört! Wir sind verpflichtet, alles zu sagen. Los, lass uns alles beichten!“ Simon sagt: „Spinnst du?“ Spielt diese Szene mit verteilten Rollen.

BLÖDE KUH, DAS WAR MEINE IDEE! 14

Johanna und Laura sind beste Freundinnen. Sie machen alles zusammen und haben immer viel Spaß miteinander. Nur dass Johanna einen kleinen Tick besser ist in der Schule als Laura, das stört Laura manchmal. An einem Tag in der Adventszeit stellt Herr Winkler eine sehr schwierige Frage: „Weiß jemand, woher das Wort ‚Advent‘ kommt?“ Johanna erinnert sich blitzschnell. Gestern beim Mittagessen hat ihre große Schwester Jule irgendwas von Advent erzählt. Jule hat nämlich schon Latein auf dem Gymnasium. „Advent“ kommt von irgendeinem lateinischen Verb, advenire oder so ähnlich, erinnert sich Johanna. Schnell streckt sie ihren Finger nach oben. Laura fragt ungläubig: „Du weißt, woher ‚Advent‘ kommt?“

„Aus dem Lateinischen“, flüstert Johanna ihr zu. Jetzt meldet sich auch Laura und Herr Winkler nimmt sie sofort dran. Denn außer Johanna zeigt sonst niemand anderes auf, aber Johanna meldet sich viel öfter als Laura.

„Aus dem Lateinischen“, sagt Laura fast ein bisschen zu leise. „Ja, sehr schön“, ruft Herr Winkler mit einem breiten Lächeln. Laura lächelt ganz wenig zurück und schaut dann kurz zu Johanna rüber.

Johanna hat ihren Arm müde auf den Tisch zurückfallen lassen und schaut etwas grimmig aus. Das war meine Idee, denkt sie, am liebsten würde ich das Herrn Winkler jetzt sagen. Stattdessen zischt sie zu ihrer Freundin rüber: „Blöde Kuh, das war meine Idee!“

Darüber solltet ihr sprechen ...

1. Warum ist Johanna so wütend auf Laura? Kannst du ihre Wut verstehen?
2. Warum hat Laura einfach Johannas Antwort geklaut?
3. Warum sagt Johanna Herrn Winkler nicht einfach, dass Laura ihre Antwort geklaut hat?
4. Wie findest du Johannas Reaktion? Was hätte Johanna ihrer Freundin stattdessen sagen können?
5. Soll Johanna Laura am besten nie mehr ihre Antworten verraten? Begründe.
6. Wie soll Laura sich verhalten, als sie merkt, wie wütend ihre Freundin ist?

Jetzt seid ihr selbst an der Reihe ...

Schreiben

- ☐ Johanna und Laura gehen später zusammen nach Hause. Johanna ist aber immer noch sauer auf Laura. Schreibe die Geschichte zu Ende.

Weiterspielen

- ☐ Herr Winkler hat Johannas Schimpfen („Blöde Kuh, das war meine Idee!“) mitbekommen. Er spricht Johanna darauf an. Macht ein Rollenspiel zu dieser Szene.
- ☐ Johanna erzählt zu Hause beim Abendessen ihrer Familie von der Unterrichtsstunde und Lauras geklauter Antwort. Was werden ihre Eltern ihr wohl raten? Macht ein Rollenspiel dazu.

DIE POLEN KLAUEN DOCH ALLE! 15

Robin kann Marek einfach nicht leiden. Angefangen hat das schon in der 2. Klasse, als Marek mit seinen Eltern gerade aus Polen hergezogen war und neu in Robins Klasse gekommen ist. Am meisten stört ihn, dass Marek mittlerweile der beste im Fußball ist. Er ist jetzt sogar in die Junioren-Fußballförderung gekommen. Und natürlich finden alle Mädchen ihn plötzlich so süß. Als Robin an einem Tag mit seinem neuen Bayern-Trikot mit Original-Klose-Signatur drauf zur Schule kommt, sind alle Jungs begeistert. Marek ruft: „Ey, cool! Wie bist du denn da ran gekommen?" „Das geht dich gar nichts an!", fertigt Robin ihn überlegen ab. In der Kunststunde zieht er sein Trikot aus, damit er sich keine Farbe darauf kleckert, und legt es hinter sich auf die Fensterbank. Doch als er es später wieder anziehen möchte, liegt es dort nicht mehr. „Mein Trikot ist weg!", brüllt er aufgebracht. Sofort hat er Marek im Verdacht: „Marek hat es bestimmt genommen! Die Polen klauen doch alle!", äußert Robin seine Verdächtigung. Alle Kinder starren Marek an. Der ruft aufgeregt: „Ich hab dein Trikot nicht, ehrlich!" Robin will schon auf Marek losgehen, da sagt Frau Meinert entsetzt: „Sag mal, Robin, was soll denn diese ungeheuerliche Beschuldigung?" Ihre Augen hat sie ganz weit aufgerissen, und sie sieht sehr böse dabei aus. Sie fährt fort: „Ich habe dein Trikot über deine Stuhllehne gehängt, weil es mir beim Blumengießen beinahe runter gefallen wäre."

Darüber solltet ihr sprechen ...

1. Was glaubst du: Warum kann Robin Marek nicht leiden?
2. Warum hat Robin sofort Marek im Verdacht, als er sein Trikot nicht sieht?
3. Robin sagt: „Die Polen klauen doch alle!" Warum ist diese Äußerung so ungeheuerlich? Tipp: Denke auch über den Begriff Vorurteil nach.
4. Wie fühlt sich Marek, als Robin ihn beschuldigt?
5. Wie soll Robin sich verhalten, als er sein Trikot über der Stuhllehne entdeckt?
6. Was denken Frau Meinert und die anderen Kinder jetzt wohl über Robin?
7. Was sollte Frau Meinert jetzt tun?

Jetzt seid ihr selbst an der Reihe ...

Schreiben

- ☐ Als Robin später zu Hause ist, tut es ihm leid, dass er Marek beschuldigt hat. Er schreibt ihm einen Entschuldigungsbrief und überlegt sich, wie er seinen Fehler wiedergutmachen kann. Schreibe Robins Brief.

Weiterspielen

- ☐ Robin sieht sein Trikot über der Stuhllehne hängen. Spielt die Geschichte mit verteilten Rollen zu Ende.
- ☐ Marek erzählt zu Hause seinen Eltern von dem Vorfall. Seine Eltern sind empört und klingeln abends mit Marek bei Robins Familie. Macht ein Rollenspiel dazu.

WER BEKOMMT MARIO MARIONETTI? 16

An Merles Schule gibt es seit diesem Schuljahr eine Puppenspiel-AG. Merle und ihre Freundin Alina sind begeistert und machen natürlich mit in dieser AG. Und das Beste ist: Vor den Sommerferien führen sie dann alle zusammen den großen „Puppenzirkus Marionetti“ vor der ganzen Schule auf. Frau Haas, die Leiterin der AG, hat ihnen für die nächste Woche aufgegeben, sich schon mal zu überlegen, welche Puppe sie spielen möchten. Für Merle war von Anfang an klar: Der Jongleur Mario Marionetti hat wirklich das schönste und aufwändigste Kostüm. Schnell sagt sie zu Alina: „Ich möchte Mario Marionetti spielen!“, damit Alina gar nicht erst auf die Idee kommt, ihr die Rolle vor der Nase wegzuschnappen. „Den finde ich auch am besten“, gibt Alina sogleich zu verstehen. „Ich habe aber zuerst gesagt, dass ich ihn haben will! Du kannst ja schauen, dass du die Seiltänzerin bekommst“, entgegnet Merle bestimmt. Eine Woche später, als Frau Haas die Rollen verteilen möchte, ist Merle nicht dabei, weil sie krank ist. Frau Haas fragt jedes Kind, welche Puppe es spielen möchte, und notiert sich die Wünsche. Als Alina an der Reihe ist, zögert sie kurz, doch dann sagt sie: „Ich möchte Mario Marionetti spielen!“ Frau Haas macht sich eine Notiz und fragt sie dann noch, ob sie vielleicht wisse, welche Rolle Merle haben möchte. Alina denkt einen Augenblick nach, dann antwortet sie: „Ich glaube, Merle wollte die Seiltänzerin haben.“

Darüber solltet ihr sprechen ...

1. Merle glaubt, dass ihr die Rolle des Mario Marionetti eher zusteht als Alina, weil sie ihren Wunsch zuerst geäußert hat. Hat Merle Recht? Begründe.
2. Wer sollte Mario Marionetti bekommen? Begründe deine Meinung.
3. Als Merle krank ist, gibt Alina an, dass sie Mario Marionetti spielen möchte. Wie findest du das?
4. Warum sagt Alina, dass Merle die Seiltänzerin haben möchte? Wie findest du ihr Verhalten?
5. Wie findest du das Verhalten von Frau Haas bei der Rollenverteilung?
6. Was könnte Frau Haas tun, um alle Rollen gerecht zu verteilen?

Jetzt seid ihr selbst an der Reihe ...

Schreiben

- ❒ Merle muss die Seiltänzerin spielen, während Alina Mario Marionetti bekommt. Als Merle von Alinas Lüge erfährt, ist sie sauer auf Alina. Alina bereut ihr Verhalten und schreibt Merle eine Entschuldigungs-E-Mail. Schreibe Alinas E-Mail.

Weiterspielen

- ❒ Bei der Rollenvergabe in der folgenden Woche erfährt Merle, dass Alina ihr Mario Marionetti weggeschnappt hat. Sie stellt Alina zur Rede. Macht ein Rollenspiel dazu.

Gestalten

- ❒ Wie sehen Mario Marionetti und die Seiltänzerin aus? Male ein Bild dazu.

NUR EHRLICH 17

Maria ist zu dick. Das war sie schon als kleines Kind. Ihre Mama hat gesagt: „Das ist nur ein bisschen Baby-Speck. Das verwächst sich." Doch bis jetzt hat sich da nichts verwachsen. „Sie müssen die Ernährung umstellen", hat der Kinderarzt zu ihrer Mama gesagt. Und dass das sonst Marias Gesundheit schadet. Und dass Maria am Ende ganz unbeweglich wird. „Dieser ewige Vollkornfraß macht auf Dauer unglücklich", hat ihre Mama später gesagt. Doch der Arzt hat sicher Recht, denkt Maria. Denn unbeweglich ist sie jetzt schon. Im Sport wird sie immer als Letzte in die Mannschaft gewählt, weil sie nicht schnell genug laufen kann. Außerdem kann sie so schlecht Bälle fangen. In der Sportstunde teilt Frau Wuttke heute ausnahmsweise selbst die Mannschaften ein.
Maria muss in die rote Gruppe, weil sie ein rotes T-Shirt trägt. Leander ist auch in der roten Mannschaft. Er motzt: „Oh Mann, mit der fetten, lahmarschigen Maria in unserer Mannschaft haben wir gleich schon verloren!" Frau Wuttke ist verärgert und sagt ernst: „Leander, das war unverschämt, und das weißt du auch. So etwas darf man nicht sagen. Das ist verletzend. Entschuldige dich sofort bei Maria!"
Maria schämt sich und zieht ihren Bauch ein wenig ein. Und gleichzeitig ist sie auch sehr traurig. Leander sagt trotzig: „Warum? Ich bin nur ehrlich! Und man soll immer ehrlich sein. Maria soll einfach weniger essen, dann ist sie auch nicht so fett!"

Darüber solltet ihr sprechen ...

1. Wie findest du das Verhalten von Marias Mama? Warum erzählt sie, dass Maria Baby-Speck hat?
2. Wie sollte sich Marias Mama verhalten?
3. Wie fühlt sich Maria, als Leander sie als fett und lahmarschig beschimpft?
4. Frau Wuttke wirft Leander vor, dass er unverschämt war. Leander findet, dass er nur ehrlich war. Wer hat deiner Meinung nach Recht? Begründe.
5. Leander sieht nicht ein, warum er sich bei Maria entschuldigen soll. Er war ja nur ehrlich. Soll man deiner Meinung nach immer ehrlich sein? Begründe.
6. Wie soll sich Maria jetzt verhalten?
7. Was sollte Leander jetzt tun?

Jetzt seid ihr selbst an der Reihe ...

Schreiben

- ❒ Maria fängt plötzlich an, zu weinen. Schreibe die Geschichte zu Ende.

Weiterspielen

- ❒ Maria sagt zu Leander: „Und du hast eklige Sommersprossen und Schweinewimpern!" Spielt diese Szene mit verteilten Rollen.
- ❒ Maria macht ihrer Mutter Vorwürfe. Sie sagt: „Du hast gesagt, dass sich mein Baby-Speck verwächst. Aber ich bin immer noch fett. Und du bist schuld. Du hast mich angelogen!" Macht ein Rollenspiel zu dieser Szene.
- ❒ Leander beleidigt Maria. Stellt diese Situation in einem Standbild dar.

© Verlag an der Ruhr • Postfach 10 22 51 • 45422 Mülheim an der Ruhr • www.verlagruhr.de • ISBN 978-3-8346-0549-8

ANGST VOR ROB 18

Florian und Nico trauen sich in letzter Zeit nicht mehr, alleine von der Schule nach Hause zu gehen. Denn auf dem Nachhauseweg lauern ihnen oft drei große Jungs von der Gesamtschule gegenüber auf. Der Anführer von dieser Jungen-Gang heißt Rob und ist ziemlich stark und gefährlich. Anfangs wollte Rob immer nur Süßigkeiten von ihnen haben oder ihr Pausenbrot. Das haben sie ihm dann immer schnell gegeben, damit die Jungs sie in Ruhe lassen. Aber in letzter Zeit will Rob immer mehr haben, sogar Geld. „Wenn ihr nicht macht, was ich sage, oder wenn ihr jemandem was erzählt, gibt's fette Schläge! Also überlegt es euch gut!", hat Rob gebrüllt und sie dabei ganz heftig geschubst. Letztens wollte Rob sogar, dass Florian ihm seine Turnschuhe gibt. Und Nico musste ihm sein Handy geben. Sie haben Rob alles gegeben, was er wollte, damit er ihnen nicht wehtut. Zu Hause haben sie dann erzählt, dass sie die Sachen verloren haben. Nicos Mama hat wegen dem Handy sogar richtig geschimpft. Aber heute hat Florian einen Entschluss gefasst. Er sagt zu Nico: „Ich weiß, was wir gegen Rob und seine Gang machen können!" „Was denn?", fragt Nico neugierig. „Wir nehmen uns morgen ein Taschenmesser mit. Und wenn Rob kommt und wieder was haben will oder uns bedroht, dann holen wir das Messer raus." Nico sagt: „Nein, wir müssen endlich unseren Eltern von Rob erzählen. Die machen ihn bestimmt fertig."

Darüber solltet ihr sprechen …

1. Warum machen Florian und Nico alles, was Rob sagt?
2. Warum haben sie zu Hause erzählt, dass sie die Sachen verloren haben, die Rob ihnen abgenommen hat? Warum haben sie nicht die Wahrheit gesagt?
3. Wie findest du Florians Idee, am nächsten Tag ein Taschenmesser mitzunehmen?
4. Kann das Taschenmesser ihnen bei ihrem Problem helfen? Begründe.
5. Sollten Nico und Florian ihren Eltern von Rob und seinen Drohungen erzählen? Begründe.
6. Wie könnten ihre Eltern ihnen helfen?
7. Wer könnte ihnen noch helfen?

Jetzt seid ihr selbst an der Reihe …

Schreiben

- ❐ Was werden Florian und Nico tun, wenn sie Rob das nächste Mal treffen? Schreibe die Geschichte zu Ende.

Weiterspielen

- ❐ Florian und Nico haben ihren Eltern von Rob erzählt. Am nächsten Tag knöpft sich Nicos Papa Rob mal vor … Macht ein Rollenspiel zu dieser Szene.
- ❐ Florian und Nico erzählen ihrer Klassenlehrerin von Rob. Sie sagt aber: „Klärt das mit euren Eltern. Dieses Problem hat nichts mit der Schule zu tun!" Spielt das Gespräch mit Nicos und Florians Eltern.
- ❐ Rob bedroht Florian und Nico. Macht ein Standbild dazu.

ICH HAB' KEINEN PAPA MEHR (19)

Pascals Papa sitzt im Gefängnis. Er hat fünf Einbrüche gemacht. Haufenweise Schmuck und Computer hat er bei den Leuten gestohlen. Aber nicht, weil er alles für sich haben wollte. Er wollte alles im Internet verkaufen, damit er Geld hat für Mama, sich, Pascal und das Baby.
So hat seine Mama ihm das erklärt. Aber irgendetwas ist schiefgegangen. Jedenfalls stand auf einmal die Polizei vor der Tür. Sie haben Papa einfach mitgenommen. Seine Mama hat furchtbar geweint, und Papa hat zu ihm gesagt: „Ich bin bald wieder da, mein Großer, mach dir keine Sorgen." Aber Papa ist nicht mehr wiedergekommen. Mittlerweile ist seine Mama auch nicht mehr traurig, sondern sehr wütend auf Papa. Pascal fragt: „Wann kommt Papa zurück?"
„Bei uns gibt es keinen Papa mehr. Dein Papa hat uns allein gelassen", antwortet seine Mama. Pascal vermisst seinen Papa sehr. So viele schöne Sachen haben sie immer zusammen gemacht, und er war immer so stolz auf seinen lustigen, starken Papa. Als es in Pascals Schule ein Schulfest gibt, sollen alle Eltern beim Auf- und Abbau helfen und sich auf einer Liste eintragen. Von Pascals Eltern ist niemand eingetragen. „Warum hilft dein Papa nicht?", fragt Moritz. „Ich hab' keinen Papa mehr", entgegnet Pascal barsch. Er muss aufpassen, dass seine Stimme nicht bricht und er zu weinen anfängt. Da ruft David auf einmal: „Quatsch, keinen Papa mehr! Der sitzt doch bloß im Knast, dein Papa!"

Darüber solltet ihr sprechen …

1. Pascals Mama sagt: „Bei uns gibt es keinen Papa mehr?" Warum sagt sie das? Hat sie Recht? Begründe.
2. Hat Pascals Papa seine Familie allein gelassen? Begründe.
3. Wie fühlt sich Pascal, als seine Mama ihm sagt, dass es bei ihnen keinen Papa mehr gibt?
4. Warum vermisst Pascal seinen Papa?
5. Pascal sagt zu Moritz: „Ich hab' keinen Papa mehr!" Warum sagt er nicht die Wahrheit?
6. David sagt die Wahrheit über Pascals Papa. Wie findest du Davids Verhalten?
7. Wie soll Pascal sich verhalten, als David die Wahrheit über seinen Papa verrät?

Jetzt seid ihr selbst an der Reihe …

Schreiben

- ❒ Pascal wird auf einmal sehr wütend auf David. Er geht auf David los, um ihn zu verhauen. Auf einmal kommt seine Klassenlehrerin dazu …
  Schreibe die Geschichte zu Ende.
- ❒ Pascals Klassenlehrerin sagt: „Pascal, dein Papa hat sich noch nicht auf die Liste eingetragen. Wir brauchen aber noch einen starken Helfer. Sag ihm doch bitte noch einmal Bescheid." Schreibe die Geschichte zu Ende.

Weiterspielen

- ❒ Wie geht die Geschichte weiter?
  Spielt sie mit verteilten Rollen zu Ende.

© Verlag an der Ruhr • Postfach 10 22 51 • 45422 Mülheim an der Ruhr • www.verlagruhr.de • ISBN 978-3-8346-0549-8

ZU SCHNELL GEDREHT 20

Maximilian hat einen empfindlichen Magen. Auf Karussells wird ihm oft schwindelig. Und auch Drehschaukeln und ähnliche Spielgeräte, die sich drehen, verträgt er nicht gut. Seit einer Woche gibt es auf seinem Schulhof einen neuen Drehpilz. Da können sich viele Kinder dranhängen und im Kreis durch die Luft fliegen, wenn ein anderes Kind den Drehpilz anschiebt. Maximilian will den Drehpilz auch ausprobieren. „Aber nicht so doll“, warnt er Annika, die anschiebt. „Nein, ich mach nur leicht“, versichert Annika, doch dann schiebt sie so kräftig an, dass Maximilian ruft: „Nicht so doll! Hör auf! Halt bitte an, ich will wieder runter!“ Aber Annika hört noch nicht auf, weil die anderen Kinder immer „Schneller, schneller!“ schreien.

Als Maximilian endlich von dem Drehpilz runter kommt, hat er weiche Knie. Außerdem ist ihm auch richtig übel. Er rennt ins Schulgebäude, doch er schafft es nicht mehr zur Toilette. Schon im Treppenhaus muss er sich übergeben. Sein Freund Fabian holt schnell Frau Lutz. Sie sagt: „Das ist nicht schlimm, Maximilian.
Ich sage dem Hausmeister Bescheid.
Der macht das wieder sauber.“
Doch der Hausmeister verzieht sein Gesicht und sagt zu ihm: „Ich hol dir jetzt einen Eimer Wasser und einen Lappen, und dann machst du die Schweinerei selbst weg!“ Da sagt Fabian: „Annika muss das sauber machen. Sie ist schuld, weil sie so schnell gedreht hat, dass Maximilian schlecht geworden ist!“

Darüber solltet ihr sprechen ...

1. Hätte Maximilian nicht auf den Drehpilz gehen sollen, wenn er weiß, dass er einen empfindlichen Magen hat? Hat er einen Fehler gemacht? Begründe.
2. Annika hat versprochen, nur leicht anzuschieben. Hat Annika ihr Versprechen gebrochen? Hat Annika einen Fehler gemacht? Begründe.
3. Wer hat Schuld daran, dass Maximilian sich übergeben muss: Maximilian selbst, Annika oder die anderen Kinder oder niemand?
4. Wie hätten sich die Kinder verhalten müssen, damit nichts passiert?
5. Wer sollte die Treppe sauber machen müssen: Maximilian, Annika oder der Hausmeister?

Jetzt seid ihr selbst an der Reihe ...

Schreiben

- ❒ Wie geht die Geschichte weiter? Schreibe sie zu Ende.

Weiterspielen

- ❒ Maximilian weigert sich, die Treppe sauber zu wischen. Er findet genau wie Fabian, dass Annika das machen sollte. Schließlich habe sie Schuld daran, dass er sich übergeben musste. Spielt diese Szene mit verteilten Rollen.
- ❒ Maximilian wischt die Treppe sauber. Zu Hause erzählt er seinen Eltern von dem Vorfall. Seine Eltern sind verärgert. Sie gehen mit ihm zu Annika nach Hause und beschweren sich. Macht ein Rollenspiel dazu.

EINE PREISWERTE DELUXINI-JEANS 21

Die schicken Deluxini-Jeans sind gerade der letzte Schrei in Isabels Klasse. Amelie aus ihrer Klasse hatte zuerst so eine Jeans. „Man erkennt die Deluxini an den drei versetzten Nieten auf der linken Gesäßtasche. Grün, weiß und rot müssen sie sein. Nur dann ist es eine echte Deluxini“, hat Amelie erzählt. „Und die Jeans muss 90 Euro kosten. Alles andere ist Billigkram!“, hat Amelie auch noch gesagt. Isabels Freundin Lia hat seit heute auch eine Deluxini. Ihr Papa hat ihr die Jeans im Internet ersteigert und nur 60 Euro dafür bezahlt. Amelie hat Lias Jeans mit ihren schmalen kritischen Augen sehr lange begutachtet und dann gesagt: „Tut mir leid, Schätzchen, aber das ist nur eine Deluxini-Fälschung.“ Lia hat darauf beharrt, dass ihre Deluxini ein Original ist. Aber trotzdem haben alle Mädchen Amelie geglaubt. Zu Hause sagt Isabel zu ihrer Mama: „Lia hat jetzt auch eine Deluxini. Jetzt bin ich die einzige, die mit Billig-Jeans rumlaufen muss.“ „Bitte, Isabel, nicht schon wieder das leidige Thema!“, sagt ihre Mama genervt. „Ich gebe keine 90 Euro für eine Kinder-Jeans aus, egal, was die anderen Mütter machen. Man muss nicht jeden idiotischen Trend mitmachen.“ Isabel fängt vor Wut an, zu heulen, und brüllt: „Dir ist es ganz egal, wenn ich voll out bin! Du bist gemein!“ Da macht ihre Mama ihr einen Vorschlag: „Ich kann dir gerne drei Nieten auf deine Jeans kleben. Dann hast du auch eine Deluxini, nur viel preiswerter!“

Darüber solltet ihr sprechen ...

1. Was glaubst du: Warum wollen alle Mädchen eine Deluxini-Jeans haben?
2. Warum hat Lias Papa die Deluxini im Internet ersteigert?
3. Wie findest du Amelies Reaktion?
4. Warum möchte Isabels Mama keine Deluxini-Jeans für Isabel kaufen?
5. Ist Isabels Mama gemein?
6. Warum ist Isabel so wütend darüber?
7. Sollte Isabels Mama ihr auch eine Deluxini-Jeans kaufen? Begründe.
8. Wie findest du den Vorschlag von Isabels Mama, selbst eine Deluxini-Jeans für Isabel zu machen.

Jetzt seid ihr selbst an der Reihe ...

Schreiben

- ❒ Wie wird Isabel auf den Vorschlag reagieren? Schreibe die Geschichte zu Ende.

Weiterspielen

- ❒ Isabel sagt zu ihrer Mutter: „Aber Amelie wird sofort merken, dass die Jeans nicht echt ist!“ Macht ein Rollenspiel zu dieser Szene.
- ❒ Isabels Mama hat sich auf dem Elternabend öffentlich über den Markenwahn in der Klasse beschwert. Am nächsten Tag spricht die Lehrerin mit der Klasse darüber. Da sagt Amelie: „Nur weil Isabel sich keine Deluxini leisten kann, braucht ihre Mutter nicht so einen Aufstand zu machen.“ Spielt diese Szene mit verteilten Rollen.

LÄUSE-ALARM 22

Antonias kleiner Bruder Jannis hat Läuse aus dem Kindergarten mit nach Hause gebracht. Um die Läuse wieder loszuwerden, musste ihre Mama Jannis' und Antonias Haare mit einem speziellen Haarshampoo waschen. Davon riechen ihre Haare jetzt so sehr nach Räucherkammer, dass Antonia sich nicht traut, in die Schule zu gehen. „Wie ein stinkiger Räucheraal will ich auf keinen Fall zur Schule gehen!", bettelt sie ihre Mama an, bis die ihr schließlich erlaubt, ausnahmsweise zu Hause zu bleiben. Nur ihrer besten Freundin Mara hat Antonia die Wahrheit von den Läusen erzählt. „Du darfst es aber niemandem sagen, versprichst du mir das?", hat sie Mara noch gebeten. Und Mara hat versichert: „Du kannst dich auf mich verlassen."
Bevor Antonia am nächsten Tag wieder zur Schule geht, sprüht ihre Mama ihr noch ein paar Spritzer von ihrem Rosen-Parfüm auf die Haare. So riecht bestimmt niemand etwas von diesem ekelhaften Läuseshampoo. Doch in der Schule kommt Elena schon mit einem gehässigen Grinsen auf sie zu und sagt: „Hast du dir auch die Haare gewaschen, du Läuse-Tussi?" Henri starrt Antonia an und ruft: „Iihhh, Läuse-Alarm! Halt bloß Sicherheitsabstand von mir!"
„Stimmt ja gar nicht!", gibt Antonia etwas hilflos zurück. Und dann schaut sie Mara böse an. Mara schaut nur etwas beschämt zur Seite und zuckt mit den Schultern …

Darüber solltet ihr sprechen …

1. Warum traut Antonia sich nicht, in die Schule zu gehen?
2. Warum möchte Antonia nicht, dass irgendjemand von den Läusen erfährt?
3. Sind Läuse etwas Schlimmes? Hat Antonia Läuse bekommen, weil sie unsauber ist?
4. Wie findest du das Verhalten von Elena und Henri?
5. Wie fühlt sich Antonia in dem Moment?
6. Warum ist Antonia böse auf Mara?
7. Hat Mara das Geheimnis von den Läusen verraten? Begründe.
8. Was hältst du von Maras Verhalten?
9. Wie soll sich Antonia gegenüber Mara verhalten?

Jetzt seid ihr selbst an der Reihe …

Schreiben

- ❐ Antonia sagt zu Mara: „Du hast mir doch versprochen, dass du niemandem was erzählst! Du bist echt gemein! Dafür erzähl ich jetzt allen, dass du dir letztens bei mir zu Hause vor Lachen in die Hose gemacht hast!" Schreibe die Geschichte zu Ende.
- ❐ Antonia glaubt, dass Mara sie verraten hat. Mara hat aber gar nichts von Antonias Läusen erzählt. Davon möchte sie Antonia überzeugen …
Schreibe die Geschichte zu Ende.

Weiterspielen

- ❐ Antonia ist sehr enttäuscht von Mara. Auf dem Nachhauseweg stellt sie Mara zur Rede. Macht ein Rollenspiel dazu.

NUR NACH-EINGELADEN 23

Charlotte ist absolut enttäuscht! Martin, der Mädchenschwarm aus ihrer Klasse, hat alle Mädchen aus der 4a zu seinem Geburtstag eingeladen. Nur sie selbst hat als einzige keine Einladung bekommen. Eigentlich könnte es ihr auch egal sein, denn Martin ist ihr überhaupt nicht so wichtig. Aber auf seinen Geburtstag hätte sie schon Lust gehabt. Sie gehen dann nämlich alle in den Zoo. Charlotte liebt den Zoo. Am liebsten mag sie die kleinen Löwenbabys. Und sie werden sogar auf einem Elefanten reiten. Und zum Abschluss gibt's dann eine ‚bärenstarke Brotzeit für hungrige Löwen in der Safari-Bar des Zoos'. Genauso steht es in der Einladungskarte, von der Charlotte leider keine bekommen hat. Was Charlotte aber fast noch mehr stört ist, dass die anderen Mädchen munter über die Party plaudern und sie dabei offenbar völlig vergessen haben. Keine von ihnen bemerkt, dass das schade ist, wenn Charlotte nicht dabei sein wird.
Zwei Tage später, als Charlotte gerade Hausaufgaben macht, kommt ihre Mama in ihr Zimmer und sagt: „Martins Mutter hat gerade angerufen. Es ist ein Platz im Auto frei geworden, weil ein anderes Mädchen die Einladung abgesagt hat. Du könntest nun doch auf den Geburtstag gehen und mit in den Zoo fahren."
Charlotte freut sich erst, doch schon im nächsten Augenblick kommen ihr Zweifel. Sie überlegt: Als was soll ich denn da hingehen? Als zweite Wahl? Nur nach-eingeladen?

Darüber solltet ihr sprechen ...

1. Wie fühlt sich Charlotte, als sie als einzige keine Einladungskarte bekommen hat?
2. Was meinst du: Warum hat Martin gerade Charlotte nicht eingeladen?
3. Wie findest du Martins Verhalten?
4. Wie findest du das Verhalten der anderen Mädchen?
5. Wie findest du es, dass Charlotte schließlich doch noch eine Einladung von Martin bekommt?
6. Soll Charlotte auf den Geburtstag gehen? Begründe deine Meinung.

Jetzt seid ihr selbst an der Reihe ...

Schreiben

❐ Charlotte sagt die Einladung ab. Sie schreibt Martin einen Absage-Brief. Schreibe Charlottes Brief.

❐ Schreibe eine eigene originelle Geburtstagseinladung für den Zoobesuch.

Weiterspielen

❐ In der Pause reden alle über Martins Geburtstag. Charlotte wird auf einmal sehr ärgerlich. Macht ein Rollenspiel.

Gestalten

❐ Gestalte eine passende Einladungskarte. Schreibe deinen Einladungstext auf die Karte.

EINE FRAGLICHE MUTPROBE 24

Anne und Patrizia sitzen ganz oben in dem großen Kletterstern auf dem Spielplatz. Hier oben ist man ungestört, denn die kleineren Kinder trauen sich nie, so hoch hinauf zu klettern. Jetzt können sie sich in Ruhe darüber unterhalten, welchen Jungen aus der Klasse sie nett finden und so. Doch auf einmal ruft ein Junge aus einer Gruppe von älteren Kindern zu ihnen rauf: „Wollt ihr euch ganz easy ein bisschen Geld verdienen? Dafür braucht ihr nur eine kleine Mutprobe zu bestehen!“ Anne und Patrizia schauen sich an. Vor Mutproben hat keine von ihnen Angst. Sie sind neugierig und klettern nach unten.

„Was sollen wir machen?“, fragt Anne selbstbewusst. „Wer von euch sich traut, eine Runde nackt über den Spielplatz zu laufen, der bekommt 20 Euro.

Und ich mach ein Foto mit meinem Handy davon“, erklärt der Junge die Mutprobe und hält einen 20 Euro-Schein hoch. Die anderen aus der Gruppe können sich das Lachen kaum verkneifen. „Das mach ich nicht!“, rufen Anne und Patrizia fast im Chor. „Für 30 Euro?“, fragt ein Mädchen aus der Gruppe. Aber Anne und Patrizia schütteln den Kopf. „Für 40 Euro?“, sagt das Mädchen dann. „Na los, das ist echt ein Angebot“, sagt der Junge. „Für überhaupt nichts laufen wir nackt rum und lassen uns mit dem Handy fotografieren!“, sagt Anne empört. „40 Euro! Und ihr dürft die Unterhose anbehalten, o.k.?“, bietet ein anderes Mädchen nun an. Jetzt fangen Anne und Patrizia an, zu überlegen …

Darüber solltet ihr sprechen …

1. Was hältst du von dieser Mutprobe? Was hältst du überhaupt von Mutproben?
2. Ist das eine echte Mutprobe, die der Junge vorschlägt? Begründe. Überlege auch, was der Junge noch damit beabsichtigen könnte?
3. Warum wollen Anne und Patrizia sich nicht auf die vermeintliche Mutprobe einlassen?
4. Für 40 Euro mit der Unterhose über den Spielplatz laufen und sich mit dem Handy fotografieren lassen: Ist das ein gutes Angebot? Begründe.
5. Warum überlegen Anne und Patrizia?
6. Sollten sie auf das Angebot eingehen? Was würdest du machen? Begründe.

Jetzt seid ihr selbst an der Reihe …

Schreiben

❒ Anne lässt sich auf die Mutprobe ein. Schreibe die Geschichte zu Ende.

❒ Patrizia läuft in der Unterhose über den Spielplatz. Da kommt plötzlich die Polizei vorbei …
Schreibe die Geschichte zu Ende.

Weiterspielen

❒ Anne und Patrizia wollen sich immer noch nicht auf die Mutprobe einlassen. Die älteren Kinder versuchen, sie zu überreden. Spielt diese Szene mit verteilten Rollen.

NICK-LAS IST IN AN-NA VER-LIEBT 25

Nicklas mag Anna. Sie ist das netteste und schönste Mädchen in seiner Klasse. Am meisten mag er ihre langen blonden, lockigen Haare. Und sie riecht so gut nach Erdbeeren. Außerdem kann sie prima reiten. Und sie hat viele Freunde. Alle mögen sie, aber Nicklas mag sie am meisten. Nur leider merkt Anna das nicht. Donnerstags geht Nicklas immer zum Heidehof, Annas Reitstall. Er schaut ihr erst beim Reiten zu, und danach hilft er ihr, wenn sie ihr Pferd Amigo putzt. Sie erzählt ihm dann alles über Pferde und vom Reiten. Und das Beste ist, dass er sie dann ganz für sich allein hat. Aber heute ist das anders. Heute sind Emma, Kim und Sofie aus seiner Klasse auch auf dem Heidehof. „Was macht ihr denn hier?", fragt Nicklas genervt. „Wir wollen sehen, wie Anna reitet, und Amigo kennenlernen", erzählt ihm Sofie. „Und was machst du hier? Reitest du auch?", will Kim wissen. „Reiten ist doch mehr was für Mädchen, du bist ja voll mädchenhaft", kichert Emma. „Nein, ich finde nur die Pferde schön", weicht Nicklas aus. Und da kommt Anna auch schon auf sie zu, Amigo hält sie am Halfter fest. „Ich hab so dollen Durst, das Reiten war so anstrengend", ruft sie. „Warte, ich hab 'ne Limo dabei", sagt Nicklas und wühlt schon hastig in seinem Rucksack.
Da trällert Emma plötzlich vergnügt: „Nick-las ist in An-na ver-liebt, Nick-las ist in An-na ver-liebt ..."
Mit unschuldiger Stimme fügt sie dann noch hinzu: „Stimmt doch, oder?"

Darüber solltet ihr sprechen ...

1. Warum geht Nicklas donnerstags immer zum Heidehof?
2. Was denkt Nicklas, als er Emma, Kim und Sofie auf dem Heidehof trifft?
3. Nicklas sagt den Mädchen, dass er wegen der Pferde auf dem Reiterhof sei. Warum sagt er das?
4. Hätte Nicklas sagen sollen, dass er wegen Anna auf dem Reiterhof ist? Was hättest du gemacht? Begründe.
5. Wie fühlt sich Nicklas, als Emma trällert „Nick-las ist in An-na ver-liebt"?
6. Was denkt Anna in dem Moment?
7. Wie findest du Emmas Verhalten?
8. Was soll Nicklas jetzt sagen?

Jetzt seid ihr selbst an der Reihe ...

Schreiben

- ❒ Nicklas streitet vor den Mädchen ab, dass er in Anna verliebt ist. Doch zu Hause schreibt er Anna einen Liebesbrief.
  Schreibe Nicklas' Brief.

Weiterspielen

- ❒ Als Emma singt „Nick-las ist in An-na ver-liebt", sagt Nicklas: „Ja, stimmt auch, na und?" Spielt die Szene mit verteilten Rollen.
- ❒ Als Emma singt „Nick-las ist in An-na ver-liebt", sagt Nicklas: „Quatsch, stimmt ja gar nicht!"
  Spielt die Szene mit verteilten Rollen.

ICH HATTE DIE IDEE ZUERST! 26

Saskia hat ein eigenes Pferd. Cavallo heißt ihr rotbrauner Hengst. Auf Cavallo nimmt sie heute zum ersten Mal an einem richtigen Springreitturnier teil. Vor dem Turnier machen alle Mädchen aus ihrer Gruppe ihre Pferde noch hübsch für den großen Auftritt.
Sie bürsten und putzen ihre Pferde, sie flechten ihnen Zöpfchen in den Schweif, und sie binden bunte Schleifchen in ihre Mähnen. Doch egal, wie viel Mühe sich die anderen Mädchen geben, Saskia ist sich sicher: Ihr geliebter Cavallo wird das schönste Pferd des ganzen Turniers sein. Für Cavallos Mähne hat sie sich nämlich einen ganz besonderen Schmuck ausgedacht. Sie teilt seine Mähne in viele kleine Strähnen, reiht auf jede Strähne ein paar bunte Perlen auf und knotet sie fest. „Das sieht wunderschön aus!", ruft Sina bewundernd. Saskia ist selbst auch unglaublich stolz, als sie ihr Gesamtkunstwerk an Cavallo betrachtet. Doch kurz darauf sieht sie, dass Sinas Pferd Joey jetzt auch solch einen Perlenschmuck in der Mähne trägt. Wütend stapft sie zu Sina rüber und sagt: „Ich hatte die Idee mit den Perlen zuerst! Los, mach die Perlen wieder aus Joeys Mähne raus!" Doch Sina denkt gar nicht daran. „Aber deswegen gehört dir die Idee noch lange nicht!", gibt sie stattdessen trotzig zurück. Da kommt zufällig Susanne, Saskias Reitlehrerin, vorbei. Saskia sagt: „Susanne, Sina macht mir alles nach! Sag ihr, sie soll die Perlen wieder aus Joeys Mähne nehmen!"

Darüber solltet ihr sprechen …

1. Warum flechtet Sina in Joeys Mähne den gleichen Perlenschmuck, den Saskia ihrem Pferd geflochten hat?
2. Verstehst du, warum Saskia so wütend darüber ist? Begründe.
3. Saskia möchte, dass Sina die Perlen aus Joeys Mähne nimmt, weil das zuerst ihre Idee war. Findest du, dass Saskia Recht hat? Sollte Sina die Perlen wieder rausnehmen? Begründe.
4. Sina sagt: „Aber deswegen gehört dir die Idee noch lange nicht!" Hat Sina Recht? Begründe.
5. Saskia wendet sich an ihre Reitlehrerin Susanne. Wie findest du dieses Verhalten? Was könnte Saskia stattdessen tun?

Jetzt seid ihr selbst an der Reihe …

Schreiben

- ❐ Was wird Susanne antworten? Was wird Sina tun? Schreibe zu Ende.
- ❐ Saskia ist wütend auf Sina, weil Sina die Perlen einfach nicht aus Joeys Mähne nehmen will. Sie überlegt sich eine List … Schreibe die Geschichte zu Ende.
- ❐ Zufällig kommt ein Fotograf von der Zeitung vorbei. Er findet Joeys Mähne schön. Für seinen Zeitungsartikel möchte er Sina mit Joey fotografieren. Sina sagt zu. Schreibe die Geschichte zu Ende.

Weiterspielen

- ❐ Susanne sagt: „Ich habe jetzt keine Zeit. Klärt das mal eben unter euch!" Spielt diese Szene mit verteilten Rollen.

DIE UNTERSCHLAGENE BLÜTENBROSCHE (27)

Nelly hat eine ziemlich moderne und wohlhabende Oma. Eine richtige Frau von Welt, die ständig Weltreisen und Kreuzfahrten macht. Und immer bringt sie Nelly was Schönes von ihren Reisen mit. Diesmal hat Nelly von ihr zwei Broschen aus Marokko bekommen. Eine mit einer blauen und eine mit einer roten Blüte. Die blaue Brosche will sie Finja schenken, zum Zeichen ihrer Freundschaft. Als sie am Nachmittag bei Finja zum Spielen ist, zeigt sie ihr die Broschen und legt sie dafür nebeneinander auf Finjas Sofa-Tisch. Doch auf einmal kommt Finjas Hund Elvis an. Er möchte spielen und fegt mit seinem Schwanz die beiden Broschen vom Tisch. Nelly will sie wieder aufheben, aber sie findet nur die blaue Brosche wieder. Die rote ist irgendwie verschwunden.
Zuerst ist Nelly etwas traurig, weil sie die rote Brosche schöner fand. Doch dann steckt sie sich die blaue Brosche an ihren Pulli und sagt: „Na ja, wenigstens hab ich die blaue noch. Wenn du die rote findest, kannst du sie mir ja wiedergeben."
Am Abend, als Nelly schon nach Hause gegangen ist, entdeckt Finja die rote Brosche in Elvis' zotteligem Schwanz. Sie hat sich da in seinem langen Fell verheddert. Als sie Nelly gerade anrufen will, um ihr von ihrem lustigen Fund zu berichten, kommt ihr ein Gedanke: Nelly ist doch jetzt zufrieden mit der blauen Brosche. Und sie denkt sowieso, dass sie die rote Brosche verloren hat. Da könnte ich die rote Brosche doch einfach behalten …

Darüber solltet ihr sprechen …

1. Finja denkt, dass Nelly auch mit der blauen Brosche allein zufrieden ist. Was meinst du?
2. Eigentlich wollte Nelly die blaue Brosche Finja schenken. Warum macht sie das dann doch nicht? Findest du das richtig? Begründe.
3. Warum zögert Finja, Nelly anzurufen, als sie die rote Brosche in Elvis' Schwanz wiederfindet?
4. Was hältst du von Finjas Idee, die rote Brosche zu behalten?
5. Soll Finja die Brosche behalten, denn eine Brosche war ja ohnehin für sie bestimmt? Begründe.

Jetzt seid ihr selbst an der Reihe …

Schreiben

- ❐ Was wird Finja machen? Schreibe die Geschichte zu Ende.
- ❐ Finja behält die Brosche und trägt sie heimlich immer dann, wenn Nelly nicht dabei ist. Doch eines Tages vergisst Finja, die Brosche von ihrem Lieblingspulli zu nehmen, bevor sie Nelly trifft … Schreibe die Geschichte zu Ende.

Weiterspielen

- ❐ Finja behält die Brosche heimlich. Doch ein paar Tage später sagt ihre Mama zu ihr: „Was hast du denn da für eine Brosche? Ist das nicht die Brosche, die Nelly bei uns gesucht hat?" Macht ein Rollenspiel zu dieser Szene.

ICH GEB' DIR AUCH NICHTS MEHR AB! (28)

Marian ist „Voicy Noicy“-Fan. Den Sänger Billy findet er am coolsten. Auch seine Freundin Ariane mag Voicy Noicy. Aber Ariane hat nicht so viel von Voicy Noicy wie Marian. Denn Arianes Mama hat gesagt, dass sie es albern findet, so viele Fan-Artikel zu besitzen. Sie hat Ariane verboten, das ganze Zimmer mit Voicy Noicy-Sachen „zuzupflastern“. Deswegen hat Ariane nur ein Poster von Billy über ihrem Bett hängen. Marian hat dagegen verschiedene Poster, Bettwäsche, Tassen, T-Shirts, Bücher und Zeitschriften von Voicy Noicy. Und natürlich hat er auch alle Lieder auf CD. Für das neueste Album von Voicy Noicy hat Marian ihr ganzes Taschengeld zusammengespart. Heute ist er mit seiner Mama in die Stadt gefahren und hat es sich endlich gekauft.

Zu Hause ruft er sofort Ariane an. Aufgeregt ruft er in den Hörer: „Ich hab die neue CD von Voicy Noicy! Komm vorbei, dann können wir sie zusammen hören.“ Wenig später tanzen sie schon zusammen in Marians Zimmer und singen lauthals jedes Lied mit.
Als Ariane nach Hause muss, sagt sie zu Marian: „Kannst du mir die CD bis morgen ausleihen? Mein Bruder kann mir die Lieder auf CD brennen. Dann hab' ich auch das neue Album.“ Marian entgegnet: „Nee, die war total teuer!“ „Ich mach' sie schon nicht kaputt, komm, bitte!“, bettelt Ariane.
Aber Marian will das neue Album trotzdem nicht ausleihen. „Bor, du Geizhals, ich geb' dir auch nichts mehr ab!“, sagt Ariane beleidigt.

Darüber solltet ihr sprechen ...

1. Warum möchte Ariane sich Marians CD ausleihen?
2. Was glaubst du: Warum möchte Marian seiner Freundin die CD nicht ausleihen?
3. Ariane denkt, dass Marian ihr die CD nur deswegen nicht ausleihen möchte, weil sie kaputtgehen könnte. Könnte es auch andere Gründe geben, warum Marian die CD nicht hergeben will?
4. Ariane wirft Marian vor, geizig zu sein, und ist beleidigt. Findest du auch, dass Marian geizig ist? Begründe.
5. Wie soll Marian sich jetzt verhalten? Was könnte sie Ariane nun antworten?

Jetzt seid ihr selbst an der Reihe ...

Schreiben

- [ ] Wie geht die Geschichte weiter? Schreibe sie zu Ende.

Weiterspielen

- [ ] Marian sagt: „Ich hab' für die CD mein ganzes Taschengeld zusammengespart. Wenn du sie dir brennen möchtest, musst du mir aber die Hälfte von dem Geld zurückgeben.“ Was wird Ariane wohl dazu sagen? Macht ein Rollenspiel zu dieser Szene.

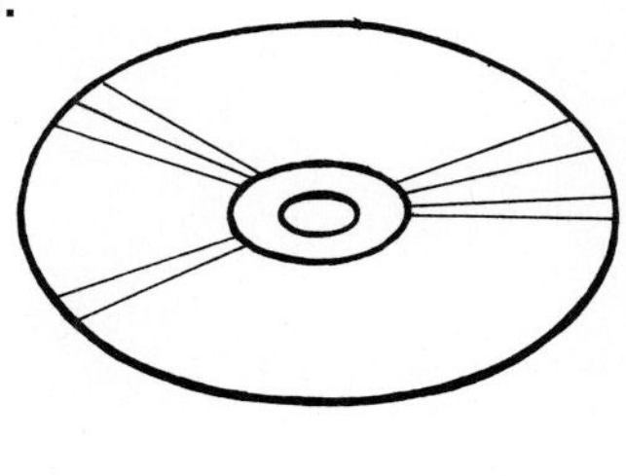

ABENTEUERLICHES ZELTLAGER 29

Katharina, Ronja und Lara sind in diesem Sommer mit der Kinder-Ferienfreizeit nach Borkum gefahren. Dort verbringen sie jetzt drei Wochen in einem Zeltlager und werden lauter aufregende Abenteuer erleben: Nachtwanderungen, Lagerfeuer, …
Das wird fabelhaft, denkt Katharina. Als die drei Mädchen abends in ihrem Zelt liegen, quatschen sie vor dem Einschlafen noch ganz lange. Katharina ist zu Ronja unter die Decke gerutscht, weil das viel gemütlicher ist. Auf einmal muss sie zur Toilette, weil sie den ganzen Abend Cola getrunken hat.
Sie fragt: „Kommt jemand mit zur Toilette?“
Ronja und Lara finden es aber gerade so kuschelig unter ihren Decken. Sie wollen nicht aus dem Zelt in die Kälte krabbeln.
Katharina traut sich aber auch nicht alleine im Dunkeln aus dem Zelt. Sie beschließt, zu warten, doch bald kann sie es kaum noch aushalten. „Ich muss ganz nötig aufs Klo, aber ich trau mich nicht allein im Dunkeln“, bettelt Katharina. „Mein Gott, jetzt stell’ dich nicht so an!“, sagt Lara genervt. Auf einmal spürt Katharina, wie es auf der Luftmatratze ganz nass wird. Als sie Ronja gerade beichten will, dass sie versehentlich in die Hose gemacht hat, hat Ronja es schon selbst gemerkt.
„Iiiihhhh, hast du etwa auf meine Luftmatratze gepisst?“
„Ich konnte einfach nicht mehr einhalten“, sagt Katharina und fängt an, zu weinen.
„In deiner Pisse schlaf’ ich nicht! Wir tauschen jetzt. Ich kriege deine Luftmatratze, und du schläfst auf der vollgepinkelten!“

Darüber solltet ihr sprechen …

1. Katharina hat Angst, alleine zur Toilette zu gehen. Lara sagt, Katharina solle sich nicht so anstellen. Hat Lara Recht? Begründe.
2. Wer hat Schuld daran, dass Katharina in die Hose gemacht hat? Begründe.
3. Wie findest du Ronjas Reaktion auf Katharinas Missgeschick?
4. Warum fängt Katharina an, zu weinen?
5. Wie findest du Ronjas Vorschlag, die Luftmatratzen zu tauschen? Wer sollte auf der nassen Luftmatratze schlafen müssen? Begründe.
6. Was könnten die Mädchen noch tun?
7. Wie hätten sich die Mädchen verhalten müssen, damit es kein Problem gibt?

Jetzt seid ihr selbst an der Reihe …

Schreiben

- ❒ Wer muss auf der nassen Luftmatratze schlafen? Schreibe die Geschichte zu Ende.

Weiterspielen

- ❒ Katharina weigert sich, auf der nassen Luftmatratze zu schlafen. Die Mädchen geraten in einen lauten Streit. Sie wecken dabei die anderen Kinder und die Betreuer auf. Spielt diese Szene mit verteilten Rollen.

Gestalten

- ❒ Erzähle die Geschichte in einem Comic. Zeichne auch ein passendes Ende für die Geschichte.

MARLENES GROSSE CHANCE (30)

Marlene tanzt leidenschaftlich gerne Ballett. Erst vor einem Jahr hat sie damit angefangen. Aber sie hat schnell sehr große Fortschritte gemacht. Das hat auch ihre Ballettlehrerin Frau Hutten gesagt. Deswegen ist Marlene vor kurzem in die Fortgeschrittenen-Gruppe gekommen. Und das Schönste daran ist, dass ihre beste Freundin Lilli auch in dieser Gruppe tanzt. In der Fortgeschrittenen-Gruppe ist Marlene nach einer Weile wieder die Beste. Eines Tages kommt Frau Hutten nach der Ballettstunde zu ihr und sagt: „Marlene, ich habe eine aufregende Neuigkeit für dich. Es gibt im Herbst einen Kinder-Tanzwettbewerb im Stadttheater. Da dürfen von jeder Ballettschule aus der Region die besten Kinder mitmachen. Der Gewinner darf dann im Sommer nächstes Jahr in der Oper Schwanensee mittanzen. Wäre das nicht was für dich?“ Marlene überlegt. „Ich bin sicher, dass du gute Chancen hast, zu gewinnen“, ermuntert Frau Hutten sie. „Natürlich müsstest du dann vorher noch Einzelunterricht bei mir nehmen. Soll ich mal mit deiner Mama darüber sprechen?“ Marlene freut sich sehr und nickt aufgeregt. Und auf einmal ist sie völlig in Gedanken versunken: Ein Auftritt! Schwanensee, mein Lieblingsstück! Applaus! Und ich bekomme dann bestimmt ein tolles Kostüm, denkt sie. Doch plötzlich reißt Lilli sie aus ihren Träumen heraus und sagt: „Wenn du da mitmachst, bin ich nicht mehr deine beste Freundin!“

Darüber solltet ihr sprechen ...

1. Warum hat Frau Hutten gerade Marlene gefragt, ob sie bei dem Tanzwettbewerb mitmachen möchte?
2. Warum möchte Marlene bei dem Wettbewerb gerne mitmachen?
3. Warum stört Lilli das, wenn Marlene bei dem Tanzwettbewerb mitmacht?
4. Kannst du Lillis Reaktion verstehen? Begründe.
5. Marlene muss sich entscheiden zwischen Tanzwettbewerb und Freundschaft. Soll Marlene den Tanzwettbewerb Lilli zuliebe absagen? Was könnte sie sonst noch tun?
6. Was würde Frau Hutten sagen, wenn Marlene den Tanzwettbewerb ablehnt?

Jetzt seid ihr selbst an der Reihe ...

Schreiben

- [ ] Wie wird Marlene sich entscheiden? Schreibe die Geschichte zu Ende.

Weiterspielen

- [ ] Marlene lehnt den Tanzwettbewerb Lilli zuliebe ab. Ihre Familie und Frau Hutten können das nicht verstehen. Sie diskutieren mit Marlene. Spielt diese Szene mit verteilten Rollen.
- [ ] Marlene fängt an, zu träumen. Sie stellt sich ihren großen Auftritt vor. Stellt diese Traumszene in einem Standbild dar.

Gestalten

- [ ] Marlene träumt und stellt sich ihren großen Auftritt vor. Male ein Bild dazu.

RICOS PFLEGEKANINCHEN 31

Rico wünscht sich schon lange ein Kaninchen. Aber seine Mama ist allergisch gegen Tierhaare. Trotzdem versucht er immer wieder, seine Eltern umzustimmen. „Mama braucht das Kaninchen auch gar nicht anzufassen. Und auch den Stall mach ich immer ganz alleine sauber“, beteuert er. Aber seine Eltern wollen einfach nicht nachgeben. Ricos Freundin Michelle hat sogar zwei Kaninchen. Möhrchen und Pfläumchen heißen die beiden. Beide sind unheimlich süß und verfressen und haben ein ganz weiches Fell. Eines Tages sitzen Rico und Michelle mit den beiden Kaninchen bei Michelle im Garten. Rico sagt: „Das ist so ungerecht, dass du zwei Kaninchen hast und ich keins! Nur weil Mama allergisch ist. Ich würde mich doch ganz allein um alles kümmern. Sie hätte gar keine Arbeit damit.“ Michelle überlegt kurz, dann sagt sie: „Ich hab’ eine Idee. Wenn du dich unbedingt um ein Kaninchen kümmern möchtest, dann kannst du Pfläumchen als Pflegekaninchen haben. Du kannst ihn füttern und seinen Stall sauber machen.“ „Super Idee!“, freut sich Rico schon. „Und kann ich dann auch immer kommen und ihn auf den Arm nehmen und streicheln, wann ich will?“, fragt er noch. Michelle sagt mit ernster Stimme: „Nee, nicht so oft streicheln. Pfläumchen mag das nicht so gerne, wenn man ihn so oft auf den Arm nimmt. Aber er freut sich, wenn du ihm seinen Stall sauber hältst und ihm Löwenzahn pflückst.“

Da muss Rico erst überlegen …

Darüber solltet ihr sprechen …

1. Warum darf Rico kein Kaninchen haben?
2. Sollten seine Eltern ihm nicht trotz der Allergie seiner Mutter ein Kaninchen kaufen, wenn Rico sich ganz alleine kümmert? Begründe.
3. Ist das ungerecht, dass Michelle zwei Kaninchen hat und Rico keins? Begründe.
4. Wie findest du Michelles Idee, dass Rico Pfläumchen als Pflegekaninchen haben kann?
5. Warum muss Rico erst überlegen, ob er auf Michelles Angebot eingeht?
6. Soll Rico auf das Angebot eingehen? Was würdest du tun? Begründe.

Jetzt seid ihr selbst an der Reihe …

Schreiben

- ❐ Wie wird Rico sich entscheiden? Schreibe die Geschichte zu Ende.

Weiterspielen

- ❐ Rico möchte Pfläumchen als Pflegekaninchen haben. Abends erzählt er freudig seinen Eltern davon. Seine Eltern haben aber Zweifel … Spielt diese Szene mit verteilten Rollen.
- ❐ Rico hat Pfläumchen als Pflegekaninchen bekommen. Nachdem er seinen Stall sauber gemacht und ihn gefüttert hat, will er ihn etwas auf den Arm nehmen und streicheln. Da sagt Michelle: „Pfläumchen muss jetzt schlafen!“ Macht ein Rollenspiel zu dieser Szene.

LUISAS GEBURTSTAGSVORBEREITUNGEN (32)

Luisa darf ihren Geburtstag in diesem Jahr ganz groß feiern. Das haben ihre Eltern ihr versprochen, weil ihr Kindergeburtstag im letzten Jahr ausfallen musste. Da steckte ihre Familie nämlich gerade mitten im Umzug. „Das wird viel zu stressig, wenn wir in einem halbfertigen Haus Kindergeburtstag feiern, mein Schatz“, hat ihre Mama zu ihr gesagt. Aber jetzt wohnt Luisa in einem schönen, großen Haus mit einem riesigen Garten. Da kann man prima Geburtstag feiern. Zusammen mit ihrer besten Freundin Jana hat sich Luisa schon tolle Sachen für ihren Geburtstag überlegt: vielleicht eine Schatzsuche im Garten oder eine Schnitzeljagd durch den Wald. Oder sie spielen Dschungel. In Luisas Garten stehen nämlich zwei große Bäume, in denen man wunderbar herumklettern kann. Und Papa hat ihr eine lange Tarzanschaukel in einem der Bäume befestigt. Jetzt muss sich Luisa nur noch überlegen, wen sie alles einladen will. 15 Kinder haben Mama und Papa erlaubt. Das ist eine ganze Menge, und Luisa hat sich schon ganz genau überlegt, wen sie alles dabei haben möchte. Aber als sie Jana ihre Einladungsliste zeigt, kreischt ihre beste Freundin: „Waaaas? Die blöde Leonie hast du auch eingeladen? Die hat letztens überall rumerzählt, dass ich 14 Fehler im Diktat hatte. Wenn du die einlädst, komme ich nicht!“

Darüber solltet ihr sprechen ...

1. Nach welchen Kriterien sollte sich Luisa ihre Geburtstagsgäste aussuchen?
2. Luisa und Jana haben für den Geburtstag viele gemeinsame Pläne gemacht. Findest du, dass sich Luisa dann auch über die Geburtstagsgäste mit Jana abstimmen sollte? Begründe deine Antwort.
3. Wie findest du Janas Verhalten? Könnte es Gründe geben, die ihr Verhalten rechtfertigen?
4. Sollte Luisa ihrer Freundin Jana zuliebe Leonie nicht einladen oder sogar wieder ausladen? Begründe.
5. Was könnte Luisa stattdessen tun?

Jetzt seid ihr selbst an der Reihe ...

Schreiben

- ❒ Luisa möchte Leonie nicht ausladen. In einem Brief möchte sie Jana überzeugen, trotzdem zu kommen. Schreibe Luisas Brief.
- ❒ Luisa möchte Leonie nun wieder ausladen. Sie schreibt ihr einen gemeinen Ausladungs-Brief. Schreibe Luisas Brief.

Weiterspielen

- ❒ Leonie hat einen gemeinen Ausladungs-Brief von Luisa erhalten. Seither ist sie sauer auf Luisa. Im Supermarkt treffen sich Luisas und Leonies Familien dann zufällig. Die Eltern ahnen aber noch nichts von dem Streit der Mädchen ... Spielt diese Szene mit verteilten Rollen.

EIN SCHLECHTES AUSHÄNGESCHILD 33

Janina ist genervt. Hannes aus ihrer Klasse kapiert einfach nicht, dass sie nichts mit ihm zu tun haben möchte. Ständig läuft er ihr auf dem Nachhauseweg nach und begleitet sie bis zur Haustür. Und auch nachmittags kommt er zu ihr und möchte mit ihr spielen. Jedes Mal wimmelt sie ihn ab und sagt ihm, dass sie keine Zeit hat. Heute hat Tobias ihr nachgerufen: „Bringt dein fetter Freund dich wieder nach Hause?“, und sich dabei halbtot gelacht. Zu Hause sagt Janina zu ihrer Mama: „Wenn Hannes heute wieder ankommt, dann sag ich ihm, dass er sich verpissen soll, für immer!“ Ihre Mama entgegnet: „Sei nicht so gemein zu ihm. Du musst ihm das irgendwie netter beibringen.“ „Auf die nette Art kapiert der das nicht! Aber ich kann auch nichts dafür, dass der keine anderen Freunde hat und sich an mich klammert. Die anderen lachen schon richtig über mich. Der ist echt ein schlechtes Aushängeschild für mich!“, schimpft Janina. Als Hannes am Nachmittag wieder bei Janina klingelt, reißt sie die Tür auf und brüllt: „Hau endlich ab, und lass mich in Ruhe! Du stinkst, bist eklig und fett. Ich will nicht mit dir befreundet sein!“ Hannes schaut sie schockiert an, geht dann aber wortlos. Als Janina die Tür hinter ihm zugeknallt hat, sagt ihre Mama: „Janina, das war unverschämt und gemein! So darf man nicht mit anderen Menschen umgehen!“ „Wieso, man soll immer die Wahrheit sagen. Das sagst du selbst immer!“, entgegnet Janina zufrieden.

Darüber solltet ihr sprechen ...

1. Warum ist es Janina unangenehm, dass Hannes ihr ständig hinterherläuft?
2. Hannes nervt Janina. Ist es gemein, wenn sie ihm sagt, dass er sich „verpissen“ soll? Begründe.
3. Janina sagt zu ihrer Mama, dass Hannes ein schlechtes Aushängeschild für sie sei? Was meint sie damit?
4. Als Hannes wortlos geht, hat Janina erreicht, was sie wollte. Hat sie also alles richtig gemacht? Begründe.
5. Was denkt Hannes jetzt?
6. Was hätte Janina anders machen können?
7. Janina sagt: „Man soll immer die Wahrheit sagen.“ Findest du das auch? Begründe.

Jetzt seid ihr selbst an der Reihe ...

Schreiben

- Janinas Mama sagt: „Das ist eine feige Ausrede von dir, Janina. Ich erwarte, dass du das wiedergutmachst!“ Schreibe die Geschichte zu Ende.

Weiterspielen

- Hannes’ Mama steht abends mit Hannes bei Janina vor der Tür. Sie sagt zu Janina: „Warum bist du so gemein zu Hannes? Er hat dir doch nichts getan!“ Macht ein Rollenspiel zu dieser Szene.
- Hannes vertraut sich seiner Lehrerin an und erzählt ihr von Janinas Beleidigung. Die Lehrerin sagt: „Das müsst ihr mit euren Eltern klären. Ich will das Gepetze nicht hören.“ Spielt diese Szene mit verteilten Rollen.

10 EURO FÜR EIN PERLENKROKODIL (34)

Kerstin hat von ihrer großen Schwester Verena einen kleinen Perlenkrokodil-Anhänger geschenkt bekommen. Diesen Anhänger hat Verena selbst gemacht. Das ist gar nicht so leicht. Verena hat in einem Buch nachgelesen, wie das geht. Kerstin durfte sich dann die Farben für die Perlen aussuchen. Das Krokodil ist lila und schwarz und sieht wirklich schön aus. Niemand in Kerstins Klasse hat so einen selbst gemachten Anhänger. Verena hat das Krokodil an Kerstins Jacke am Reißverschluss befestigt. Als Kerstin am nächsten Morgen damit in die Schule kommt, zeigt sie es allen und berichtet stolz: „Das hat meine große Schwester selbst gemacht!" Doch plötzlich ruft Annalena: „Hässlich ist das!", und reißt an Kerstins Reißverschluss, sodass das Krokodil kaputtgeht.
Die vielen kleinen Perlen kullern jetzt überall auf dem Boden herum. Zu Hause erzählt Kerstin traurig ihrer Schwester von Annalenas Gemeinheit. Verena ist sehr wütend und sagt: „Morgen sagst du Annalena, dass sie mir das bezahlen muss. 10 Euro! 5 Euro für die Perlen und 5 Euro für das Kaputtmachen. Wenn sie dir das Geld nicht geben will, bekommt sie es mit mir zu tun. Das kannst du ihr sagen!" Am nächsten Tag geht Kerstin zu Annalena und sagt ihr, dass Verena 10 Euro haben möchte. Annalena sagt: „Ja, bring ich dir morgen mit." Doch noch am selben Abend ruft Annalenas Mama an. Sie sagt zu Kerstin: „So ein kleines Perlenkrokodil ist doch niemals 10 Euro wert!"

Darüber solltet ihr sprechen ...

1. Warum macht Annalena Kerstins Perlenkrokodil kaputt?
2. Warum ist Kerstin so traurig darüber, dass das Perlenkrokodil kaputt ist? Verena könnte ihr doch ein neues machen ...
3. Annalena soll 10 Euro für das Krokodil bezahlen. Was meinst du dazu?
4. Kann Annalena den Schaden mit 10 Euro wiedergutmachen? Begründe.
5. Wie könnte Annalena den Schaden sonst noch gutmachen?
6. Warum ruft Annalenas Mama bei Kerstin an?
7. Annalenas Mama sagt, dass der Anhänger keine 10 Euro wert sei? Hat sie Recht? Begründe.

Jetzt seid ihr selbst an der Reihe ...

Schreiben

- ❒ Was wird Kerstin Annalenas Mama wohl antworten? Wird Annalena die 10 Euro bezahlen? Schreibe die Geschichte zu Ende.

Weiterspielen

- ❒ Annalena hat die 10 Euro am nächsten Tag nicht dabei. Kerstin droht, dass sie in der Pause Verena Bescheid sagt. Zufällig hört ihre Klassenlehrerin bei dieser Unterhaltung zu. Da fängt Annalena plötzlich an, zu weinen und sagt: „Ich hab' den Anhänger doch nicht extra kaputtgemacht!" Spielt diese Szene mit verteilten Rollen.

ERLEBNISBAD STATT HAUSAUFGABENHILFE 35

Kevin hat seinem besten Freund Mike versprochen, ihm bei den Deutschhausaufgaben zu helfen. In Deutsch machen sie gerade „Satzglieder bestimmen", und Mike hat wirklich Schwierigkeiten damit. Kevin dagegen findet das eigentlich ganz leicht, und natürlich will er Mike dabei helfen. Schließlich wünscht er sich, dass Mike auch aufs Gymnasium gehen kann und sie in einer Klasse bleiben. Als Kevin sich gerade auf den Weg zu Mike machen will, klingelt das Telefon. Es ist Lukas, ein anderer Freund aus Kevins Klasse. „Hast du Lust, heute mit zum Schwimmen zu gehen?", fragt Lukas. „Mein Papa hat Urlaub, und wir gehen ins Erlebnisbad, und ich darf noch jemanden mitnehmen", fügt Lukas hinzu. Kevin bekommt unheimliche Lust, schwimmen zu gehen. Seine Hausaufgaben mit Mike hat Kevin schon völlig vergessen. Er antwortet: „Klar, aber ich muss erst noch meine Mama fragen, warte kurz." Kevins Mama ist nicht so begeistert von der Idee mit dem Erlebnisbad. „Und was ist mit Hausaufgaben?", fragt sie. „Kann ich doch heute Abend noch machen, ist auch echt nicht viel, bitte Mama!", bettelt Kevin. „Aber du wolltest doch die Hausaufgaben heute mit Mike zusammen machen", erinnert ihn seine Mama. Kevin überlegt kurz. Deutsch kann er Mike ja auch noch am nächsten Tag erklären. Dann sagt er: „Kannst du nicht bei Mike anrufen und sagen, dass ich Bauchschmerzen habe und nicht kommen kann?"

Darüber solltet ihr sprechen ...

1. Warum ist Kevins Mama nicht so begeistert von Kevins Idee, mit ins Erlebnisbad zu fahren?
2. Wie findest du Kevins Idee mit den Bauchschmerzen? Kann er mit dieser Ausrede sein Problem lösen? Begründe.
3. Könnte Kevin mit seiner Ausrede Probleme bekommen? Welche könnten das sein?
4. Wie könnte Kevin sich verhalten, um es sowohl Mike als auch Lukas recht zu machen?

Jetzt seid ihr selbst an der Reihe ...

Schreiben

- ❐ Kevins Mama ruft bei Mike an und erzählt ihm von Kevins angeblichen Bauchschmerzen. Die Lüge fliegt aber irgendwie auf. Schreibe ein passendes Ende für diese Geschichte.

Weiterspielen

- ❐ Kevins Mama entgegnet Kevin: „Ich werde nicht bei Mike anrufen und für dich lügen!" Spielt ein Streitgespräch zwischen Kevin und seiner Mama.
- ❐ Kevin lässt sich verleugnen und geht schwimmen. Mike hat nun Zeit und geht mit seiner Mama zufällig auch ins Erlebnisbad. Dort trifft er Kevin und Lukas. Spielt diese Szene mit verteilten Rollen.

EINE VERKRATZTE CD 36

Emma hat sich bei ihrer Freundin Theresa eine Bibi-Blocksberg-CD ausgeliehen. Als sie abends gemütlich in ihrem Bett liegt und sich die CD anhört, steht auf einmal ihr kleiner Bruder Jarit in der Tür. „Emma, kann ich in dein Bett und mithören?“, fragt er. Doch Emma will alleine sein. „Nein, geh raus. Du machst dich immer so breit“, sagt sie abweisend. Beleidigt geht Jarit wieder zurück in sein eigenes Zimmer. Als Emma nach dem Wochenende die CD einpacken möchte, um sie Theresa zurückzugeben, ist sie nicht mehr in ihrem CD-Spieler. Sie rennt in Jarits Zimmer und schaut in seinem CD-Spieler nach. Tatsächlich findet sie Theresas CD dort. Doch die CD hat einen langen, dicken Kratzer. „Wo kommt der fette Kratzer her? Und wer hat dir überhaupt erlaubt, die CD zu nehmen?“, schreit sie ihren Bruder an. „Ich wollte sie mir nur kurz ausleihen. Aber dann ist sie mir irgendwie unter meine Legos gerutscht, und ich bin aus Versehen drauf getreten. Und alles nur, weil du mich nicht mithören lassen wolltest!“, verteidigt sich Jarit. „Na toll, und was soll ich Theresa jetzt sagen?“, ereifert sich Emma. „Du kannst ja sagen, dass der Kratzer schon drauf war. Aber vielleicht merkt sie es auch gar nicht.“ Als Emma ihrer Freundin die CD wiedergibt, bemerkt Theresa den Kratzer sofort und sagt: „Die CD ist ja kaputt! Jetzt musst du mir aber eine neue kaufen!“ „Gar nichts muss ich!“, gibt Emma zurück. „Frag doch Jarit! Der hat den Kratzer drauf gemacht!“

Darüber solltet ihr sprechen ...

1. Ist es Emmas Schuld, dass Jarit sich die CD heimlich ausleiht? Begründe.
2. Wer hat sich falsch verhalten: Jarit oder Emma. Begründe.
3. Wessen Schuld ist es, dass die CD kaputt ist? Begründe.
4. Wie hätten Emma und Jarit das Problem verhindern können? Was können sie jetzt tun?
5. Jarit meint, Emma könne sagen, dass der Kratzer schon drauf war. Was hältst du von diesem Vorschlag?
6. Wie findest du Emmas Verhalten Theresa gegenüber? Wie hätte sie sich noch verhalten können?
7. Wer muss die CD bezahlen? Begründe.

Jetzt seid ihr selbst an der Reihe ...

Schreiben

- [ ] Was wird Theresa jetzt tun? Schreibe die Geschichte zu Ende.

Weiterspielen

- [ ] Theresa sagt Jarit, dass er die CD bezahlen muss. Jarit weigert sich aber, ihr das Geld zu geben. Er findet, dass Emma die CD bezahlen sollte. Da klingelt Theresa abends bei Emma und Jarit an der Tür und erzählt Emmas Mama von dem Kratzer. Macht ein Rollenspiel zu dieser Szene.

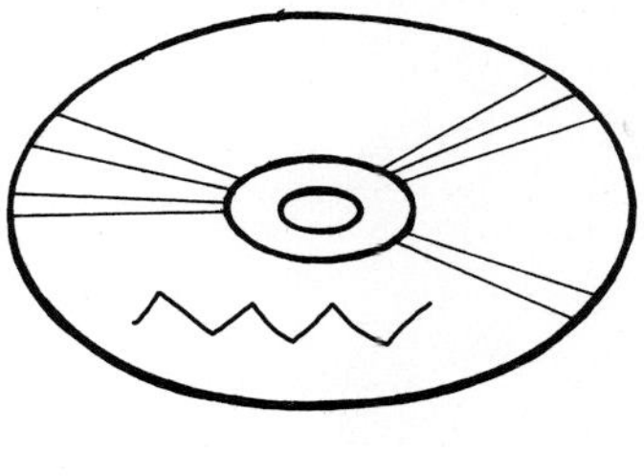

MORITZ IST WEG 37

Malte und Justus haben zwei Kaninchen. Max und Moritz heißen die beiden. Max gehört Malte, und Moritz gehört Justus. Maltes Papa hat für Max und Moritz extra einen großen Kaninchenstall im Garten gebaut, damit die beiden viel Platz haben und sich wohlfühlen. Eines Abends, als Malte und Justus den beiden gute Nacht sagen wollen, ist nur noch Max in seinem Stall. Moritz' Stalltür ist einen Spalt geöffnet, und von Moritz fehlt jede Spur. Justus schreit panisch: „Mama, komm schnell! Moritz ist weg!", und fängt sofort an, zu weinen. „Der muss doch hier irgendwo im Garten sein. So ein kleiner Hase kann doch nicht weit weg hoppeln!", versucht Mama, ihn zu beruhigen. Jetzt ist auch Papa nach unten gekommen, und zu viert suchen sie nun den ganzen Garten nach Moritz ab, aber sie können ihn einfach nicht finden. „Bestimmt wurde er geklaut!", schluchzt Justus. „Quatsch! Du hast den Kaninchenstall mal wieder nicht richtig zugemacht. Das musste ja irgendwann passieren, dass der Hase weg ist", entgegnet Papa gereizt. In diesem Moment fällt Malte auf einmal ein, dass sein Freund Mika am Nachmittag mit Moritz gespielt hat. Mika war der letzte, der an Moritz' Stall gewesen ist. Er muss vergessen haben, den Stall richtig zu verschließen. Malte denkt: Wenn ich Papa das jetzt erzähle, darf Mika bestimmt nie wieder zum Spielen kommen. Denn Papa kann Mika sowieso nicht leiden, weil er immer so frech ist.

Darüber solltet ihr sprechen ...

1. Warum verdächtigt Justus' Papa Justus, den Stall nicht richtig verschlossen zu haben? Wie findest du das?
2. Warum sagt Malte nicht, dass Mika heute Nachmittag am Kaninchenstall war?
3. Stell dir vor, Maltes Papa würde Mika tatsächlich verbieten, zum Spielen zu kommen. Könntest du das verstehen? Begründe.
4. Muss Mika wirklich für Moritz' Verschwinden verantwortlich sein?
5. Soll Malte seine Vermutung verschweigen, um Mika zu schützen? Oder soll er besser Justus zuliebe seine Vermutung äußern? Begründe.
6. Wie könnte Malte sich verhalten, um einen Konflikt zu vermeiden?

Jetzt seid ihr selbst an der Reihe ...

Schreiben

- ❒ Wird Malte seine Vermutung äußern? Schreibe die Geschichte zu Ende.
- ❒ Maltes Papa sagt zu Justus: „Wir gehen jetzt wieder ins Haus. Wir finden den Hasen heute nicht mehr. Da bist du selbst schuld!" Schreibe die Geschichte zu Ende.

Weiterspielen

- ❒ Malte deutet vorsichtig an, dass auch Mika heute am Kaninchenstall war. Er ist sich aber nicht sicher, ob Mika wirklich verantwortlich ist für Moritz' Verschwinden. Justus und sein Papa sind aber dennoch sehr wütend auf Mika. Spielt diese Szene mit verteilten Rollen.

Ausnahmsweise Schweinebockwürstchen

38

Büsra und ihr Bruder Eldin sind heute auf Neles Kindergeburtstag eingeladen. Nele wohnt in der Wohnung eine Etage über ihnen. Erst vor einer Woche sind sie unter Nele eingezogen. Büsra und Eldin kommen aus der Türkei. Vor zwei Tagen ist Nele mit ihrer Mama runtergekommen, und Neles Mama hat gefragt, ob die beiden nicht Lust hätten, am Freitag auf Neles Geburtstag zu kommen – zum Kennenlernen. Und jetzt sitzen sie gemeinsam mit den anderen Kindern an einem großen Tisch und essen Kuchen und Süßigkeiten. Plötzlich stopft sich Eldin eine Hand voll Gummibärchen in den Mund. „Spinnst du, da ist Schwein drin!", fährt Büsra ihren kleinen Bruder an. Ängstlich denkt sie schon daran, was Baba und Anne wohl sagen werden, wenn sie das erfahren. Neles Mama schaut ungläubig und sagt: „Da ist doch kein Schwein drin, Büsra!" „Doch, die Gelatine ist vom Schwein", klärt Büsra Neles Mama auf. Die überlegt kurz und sagt dann: „Na ausnahmsweise, weil Kindergeburtstag ist. Da darf man schon mal sündigen. Das braucht ihr ja keinem zu erzählen." Beim Abendessen gibt es dann Pommes und Bockwürstchen. Büsra und Eldin bekommen extra eine doppelte Portion Pommes, weil sie ja kein Schweinefleisch essen dürfen. Doch die Würstchen sehen schon lecker aus, und sie knacken so schön beim Reinbeißen. Büsra überlegt: Ob ich nicht heute doch mal eines probiere, ausnahmsweise, weil Neles Kindergeburtstag ist?

Darüber solltet ihr sprechen …

1. Warum ist Büsra so aufgeregt darüber, dass Eldin von den Gummibärchen gegessen hat?
2. Wie findest du den Vorschlag von Neles Mama, dass Büsra und Eldin wegen Neles Geburtstag ausnahmsweise doch Gummibärchen essen können? Hat sie etwas falsch gemacht? Begründe.
3. Sollten Büsra und Eldin heimlich Gummibärchen essen? Begründe.
4. Warum dürfen Büsra und Eldin keine Schweinebockwürstchen essen?
5. Soll Büsra heute ausnahmsweise doch ein Würstchen probieren? Begründe.
6. Hätte Neles Mama für Büsra und Eldin Rinderwürstchen kaufen müssen? Begründe.

Jetzt seid ihr selbst an der Reihe …

Schreiben

- Büsra probiert ausnahmsweise ein Würstchen. Da steht auf einmal ihr Vater in der Tür, weil er seine Kinder abholen möchte. Schreibe die Geschichte weiter.

Weiterspielen

- Büsra und Eldin erzählen ihren Eltern, dass sie heute ausnahmsweise Gummibärchen und Schweinebockwürstchen gegessen haben und dass Neles Mama es erlaubt hat. Ihre Eltern sagen: „Wir dürfen nichts vom Schwein essen. Da gibt es auch kein Ausnahmsweise!" Sie gehen mit Büsra und Eldin zu Neles Familie runter und machen Neles Mama Vorwürfe. Macht ein Rollenspiel dazu.

DAS SIND KEINE STREICHE MEHR! 39

Jonathan fühlt sich nicht wohl in seiner Klasse. Seine Mitschüler ärgern ihn oft. Fast jeden Tag lassen sie sich eine neue Gemeinheit einfallen. Anfangs haben sie ihn nur beim Fußball nicht mitspielen lassen. Manchmal haben sie ihn auch mit Kreidestückchen beworfen. Wenn er dann versucht hat, sich zu wehren, und etwas dagegen gesagt hat, haben sie ihn nachgeäfft und gelacht. Martin aus seiner Klasse hat neulich überall herumerzählt, dass Jonathans Mama im Supermarkt beim Klauen erwischt worden sei. Und zwei Mädchen aus seiner Klasse haben bei ihm zu Hause angerufen und Schimpfwörter ins Telefon gebrüllt. Heute ist schon wieder etwas Neues passiert. Jonathans Turnbeutel war vor der Sportstunde einfach verschwunden. Dabei hat er ihn morgens ganz sicher mit zur Schule genommen und an seinen Haken gehängt. Bestimmt hat Martin den Turnbeutel versteckt. Martin hat ihm immer Tipps gegeben, wo er suchen könnte. Aber immer, wenn Jonathan dort nachgesehen hat, war sein Turnbeutel da nicht zu finden. Martin hat dann immer „Och, schade!“ gerufen und gelacht. Zu Hause erzählt Jonathan seinem Papa von den Gemeinheiten der anderen. Sein Papa sagt: „So kann das nicht weitergehen. Das sind keine Streiche mehr! Ich werde zu Frau Lintorp gehen und mit ihr darüber sprechen!“ Doch Jonathan erschrickt: „Nein, Papa! Wenn die anderen Kinder das erfahren, dann ärgern sie mich noch mehr!“

Darüber solltet ihr sprechen …

1. Denke über die Gemeinheiten von Jonathans Mitschülern nach. Wie fühlt sich Jonathan wohl, wenn er morgens zur Schule geht? Was denkt er?
2. Jonathans Papa sagt: „Das sind keine Streiche mehr!“ Was meint er damit? Tipp: Denke über den Begriff ‚Mobbing‘ nach.
3. Jonathans Papa will mit Frau Lintorp über das Problem sprechen. Wie findest du die Idee?
4. Warum will Jonathan das nicht? Kannst du ihn verstehen? Begründe.
5. Sollte Jonathans Papa mit Frau Lintorp sprechen? Begründe.
6. Wie könnte Frau Lintorp Jonathan helfen?

Jetzt seid ihr selbst an der Reihe …

Schreiben

- ❐ Jonathans Papa kommt in Jonathans Klasse und schimpft wegen des verschwundenen Turnbeutels. Schreibe die Geschichte zu Ende.
- ❐ Jonathan erzählt Frau Lintorp, dass er immer geärgert wird. Frau Lintorp sagt: Klärt das unter euch!“ Schreibe die Geschichte zu Ende.

Weiterspielen

- ❐ Jonathan diskutiert mit seiner Familie: Seine Eltern wollen mit Frau Lintorp sprechen. Jonathan möchte das nicht. Macht ein Rollenspiel zu dieser Szene.

MIRJAS SCHÖNHEITSFLECK 40

Mirja möchte ein ganz normales fröhliches Mädchen sein. Aber seit sie mit ihren Eltern umgezogen ist und in eine neue Schule geht, fühlt sie sich allein und traurig. Denn niemand aus ihrer neuen Klasse möchte mit ihr befreundet sein. Und das alles liegt nur an diesem riesigen hässlichen Leberfleck auf ihrer Wange, denkt Mirja. Der Fleck ist so groß wie ein 2-Euro-Stück. Ihre Oma sagt immer: „Das ist ein Schönheitsfleck. Den haben nur ganz besondere Kinder. Das ist ein echtes Markenzeichen.“ Mirja hat ihrer Oma bis jetzt immer geglaubt. Doch eines Tages ruft Carina aus ihrer neuen Klasse ganz laut: „Iiihhh, schaut mal, Mirja hat einen fetten Käfer auf der Wange sitzen. Er hat sogar Haare auf dem Rücken!“ Alle Kinder schauen auf Mirjas Schönheitsfleck und ekeln sich furchtbar. Julia muss sich sogar richtig schütteln. Und Timo ruft: „Soll ich den fetten Käfer mal kneifen? Dann hüpft er vielleicht weg!“ „Das ist ein Schönheitsfleck!“, versucht Mirja zu erklären, doch die anderen lachen nur. „Schön hässlich!“, ruft Anni. Noch nie hat sich Mirja so geschämt wegen ihres Flecks. In den folgenden Stunden stützt sie ihren Kopf in die Hand, sodass der Fleck dabei verdeckt bleibt. Als sie zu Hause ihrer Oma davon erzählt, welche gemeinen Sachen ihre Mitschüler zu ihr gesagt haben, antwortet ihre Oma: „Diese dummen Kinder! Aber lass dir nichts gefallen, mein Mädchen. Wenn die dich noch mal ärgern, dann hau einfach zurück!“

Darüber solltet ihr sprechen ...

1. Warum erzählt Mirjas Oma, dass der Leberfleck ein Schönheitsfleck sei?
2. Wie findest du diese Umbenennung von Mirjas Oma?
3. Mirjas Mitschüler sagen sehr gemeine Sachen über ihren Leberfleck. Wie fühlt sich Mirja in diesem Moment?
4. Was haben Mirjas Mitschüler falsch gemacht?
5. Wie findest du den Rat von Mirjas Oma: „Wenn die dich noch mal ärgern, dann hau einfach zurück!“ Begründe.
6. Sollte Mirja den Rat ihrer Oma befolgen? Begründe.
7. Was könnte Mirja stattdessen noch tun?

Jetzt seid ihr selbst an der Reihe ...

Schreiben

- ❐ Am nächsten Tag ärgern die anderen Kinder Mirja wieder. Wie wird Mirja reagieren? Schreibe die Geschichte zu Ende.

Weiterspielen

- ❐ Macht ein Standbild zu der Szene, in der Mirja von ihren Mitschülern beleidigt wird.
- ❐ Beim Abendessen sagt Mirja zu ihren Eltern und ihrer Oma: „Ihr habt mich angelogen! Der Schönheitsfleck ist nicht schön, sondern eklig und hässlich!“ Macht ein Rollenspiel zu dieser Szene.

BRÜDER MÜSSEN IMMER ZUSAMMENHALTEN

41

Ruben und Elias sind Zwillinge. Sie sehen sich aber gar nicht ähnlich. Denn Ruben hat seine Haare extra blau gefärbt, damit er andere Haare hat als Elias. Nachmittags will Ruben auch nicht, dass Elias mit ihm und seinen Freunden Fußball spielt. Ruben beschwert sich bei seiner Mama: „Elias soll mit seinen eigenen Freunden Fußball spielen! Ich habe keine Lust, immer im Doppelpack mit Elias rumzulaufen! Die anderen finden das auch affig!“ Doch seine Mama zeigt kein Verständnis und sagt zu Ruben: „Lass deinen Bruder bitte mitspielen. Ich erwarte, dass ihr als Brüder zusammenhaltet, immer und egal, was die anderen sagen oder meinen!“ Daraufhin lässt Ruben Elias manchmal mitspielen. Aber eines Tages passiert Elias beim Fußball aus Versehen ein Foul. Er stellt Juri, Rubens bestem Freund, aus Versehen ein Bein, als dieser gerade den Ball ins Tor schießen möchte. Juri fällt heftig auf den Bauch. Doch sogleich rappelt er sich wütend auf und brüllt: „Was fällt dir ein, du hinterhältiger Sack! So was wie du gehört in die Mülltonne!“ Dann packt er Elias unter den Armen und schleift ihn zur Mülltonne am Rand des Spielfeldes. Gemeinsam mit ein paar anderen Jungs aus seiner Mannschaft hievt er Elias in die Mülltonne und drückt ihn nach unten. Ruben steht derweil etwas ratlos auf dem Spielfeld. Elias ruft: „’Tschuldigung, Juri, das war keine Absicht! Hört auf!“ Aber Juri und die anderen lassen nicht von ihm ab. Da ruft Elias: „Ruben, hilf mir!“

Darüber solltet ihr sprechen …

1. Was glaubst du: Warum möchte Ruben nicht, dass Elias mit ihm und seinen Freunden Fußball spielt?
2. Ihre Mama will, dass sie als Brüder immer zusammenhalten, egal, was die anderen meinen. Was meint ihre Mama damit? Findest du, dass ihre Mama Recht hat? Begründe.
3. Welche Gründe könnte es dafür geben, dass Juri gleich so wütend wird, als Elias ihn versehentlich foult?
4. Juri und ein paar andere Jungs hieven Elias in die Mülltonne. Was glaubst du: Warum macht Ruben dabei nicht mit?
5. Warum steht Ruben etwas ratlos auf dem Spielfeld?
6. Wie sollte Ruben sich verhalten?

Jetzt seid ihr selbst an der Reihe …

Schreiben

- ❒ Was wird Ruben machen? Schreibe die Geschichte zu Ende.

Weiterspielen

- ❒ Macht ein Standbild zu der Situation, in der Elias Ruben zur Hilfe ruft.
- ❒ Ruben hilft Elias nicht, sondern läuft einfach weg. Beim Abendessen erzählt Elias seinen Eltern den Vorfall vom Nachmittag. Er sagt zu ihnen: „Ruben hat mich heute voll im Stich gelassen!“ Macht ein Rollenspiel zu dieser Szene.

DIE GESCHWÄNZTE KLAVIERSTUNDE 42

Linus bekommt Klavierunterricht. Jeden Mittwoch bringt ihn seine Mama zur Musikschule. Seine Mama meint, dass es zu einer guten Bildung dazu gehört, wenn man ein Instrument spielen kann. Doch Linus hat meist überhaupt keine Lust, zur Klavierstunde zu gehen. Er hat in der vergangenen Woche wieder kaum geübt und kann das neue Stück gar nicht. Seine Mama sagt zu ihm: „Linus, du musst heute ausnahmsweise mit dem Fahrrad zur Klavierstunde fahren. Ich muss dringend zum Zahnarzt." Linus packt sein Sonatinenbuch ein und radelt los. Aber anstatt zur Musikschule fährt er einfach zu seinem Freund René. Von René aus ruft er in der Musikschule an und sagt mit leidend gespielter Stimme: „Hallo, hier ist Linus Marx. Ich hab' so starke Bauchschmerzen, ich kann heute leider nicht zur Klavierstunde bei Herrn Vollmer kommen." Nachdem er aufgelegt hat, schlägt er René vor: „Los, lass uns in der Stadt ein Eis essen gehen!" In der Stadt treffen sie Lisa und Marie aus ihrer Klasse. Die beiden haben sich auch gerade ein Eis gekauft und sitzen an dem Springbrunnen vor der Eisdiele in der Sonne. Linus will die Mädchen ein bisschen ärgern und versucht, sie mit Wasser nass zu spritzen.
Lisa fängt sofort an, zu kreischen, und spritzt zurück. Doch auf einmal steht Linus' Klavierlehrer vor ihm und sagt: „Hallo Linus! Bei starken Bauchschmerzen sollte man aber nicht so herumtoben und schon gar kein Eis essen!"

Darüber solltet ihr sprechen ...

1. Spielt Linus gerne Klavier? Begründe.
2. Linus' Mama meint, dass es zu einer guten Bildung dazu gehört, wenn man ein Instrument spielen kann. Was meint sie damit?
3. Warum sagt Linus die Klavierstunde bei Herrn Vollmer ab?
4. Wie findest du es, dass Linus nicht zur Klavierstunde geht? Begründe.
5. In der Stadt trifft Linus Herrn Vollmer. Wie fühlt sich Linus in diesem Moment?
6. Wie soll Linus sich jetzt verhalten?
7. Was denkt Herr Vollmer jetzt über Linus?
8. Was könnte Herr Vollmer jetzt tun? Hat Linus etwas zu befürchten? Begründe.

Jetzt seid ihr selbst an der Reihe ...

Schreiben

- ❒ Wie geht die Geschichte weiter? Schreibe sie zu Ende.

Weiterspielen

- ❒ Plötzlich steht Herr Vollmer vor Linus. Macht ein Standbild zu dieser Szene.
- ❒ Linus' Mama kommt zufällig vorbei. Sie sagt: „Guten Tag, Herr Vollmer, halten Sie Ihre Klavierstunden bei schönem Wetter in der Eisdiele ab?" Spielt diese Szene mit verteilten Rollen.
- ❒ Herr Vollmer ärgert sich über Linus' geschwänzte Klavierstunde. Er ruft abends bei Linus' Eltern an. Linus' Eltern stellen Linus danach zur Rede. Macht ein Rollenspiel zu dieser Szene.

© Verlag an der Ruhr • Postfach 102251 • 45422 Mülheim an der Ruhr • www.verlagruhr.de • ISBN 978-3-8346-0549-8

MIT FREMDEN SPRICHT MAN NICHT 43

Marie sitzt alleine auf der großen Zweierschaukel, die sonst fast immer besetzt ist. Aber es sind Ferien, und heute ist kein einziges Kind auf dem Spielplatz. Nur ein Mann mit einem SpongeBob-T-Shirt sitzt auf der Bank, raucht und schaut immer zu Marie rüber. Marie hat keine Lust mehr, alleine zu schaukeln. Sie geht zu ihrem Fahrrad, das sie zuvor an der Bank abgestellt hat und auf der jetzt der Mann sitzt. Er lächelt sie an. Gerade will sie auf ihr Fahrrad steigen und nach Hause fahren, da sagt er zu ihr: „Ein schönes Fahrrad hast du, coole Farbe!“ Marie sagt nichts. „Du brauchst keine Angst vor mir zu haben. Deine Mama hat dir sicher gesagt, dass du nicht mit fremden Männern reden sollst.“ Dabei zwinkert er mit einem Auge. Mama hat ihr gesagt, dass sie sich nicht von Fremden anquatschen lassen soll und erst recht nicht mit ihnen mitgehen soll, erinnert sich Marie. „Und sie hat Recht, deine Mama. Ich sag das zu meiner Tochter auch immer. Als Eltern hat man ja immer Angst, dass seinem Kind was Schlimmes passiert. Willst du mal ein Foto von meiner Tochter sehen? Die ist genauso hübsch wie du und sieht dir sogar ein bisschen ähnlich.“ Der Mann klappt sein Portmonee auf. Marie tritt einen Schritt näher und wirft einen vorsichtigen Blick auf das Mädchen mit dem blonden Pferdeschwanz. „Das ist meine kleine Selina“, sagt er. Dann fragt er: „Und wie heißt du?“

Darüber solltet ihr sprechen ...

1. Warum soll sich Marie nicht von Fremden anquatschen lassen oder mit ihnen mitgehen?
2. Findest du auch, dass man nicht mit Fremden reden soll? Geht das überhaupt? Begründe.
3. Wie fühlt sich Marie, als der Mann sie anspricht?
4. Ist der Mann nett? Wie findest du sein Verhalten?
5. Hättest du Angst vor dem Mann? Begründe.
6. Wie soll Marie sich verhalten? Was würdest du an ihrer Stelle tun?
7. Soll Marie ihrer Mama von dem Mann erzählen? Begründe.

Jetzt seid ihr selbst an der Reihe ...

Schreiben

- ❐ Der Mann fragt Marie nach ihrem Namen. Marie hat aber Angst vor ihm. Was kann sie tun? Schreibe die Geschichte zu Ende.

Weiterspielen

- ❐ Marie lässt sich auf ein Gespräch mit dem Mann ein. Zufällig kommt auf einmal ihre Mama vorbei, weil sie Marie vom Spielplatz abholen möchte. Was wird ihre Mama wohl sagen? Spielt diese Szene mit verteilten Rollen.

Oskar langweilt sich fürchterlich. Er darf nämlich nicht Computer spielen, weil seine Schwester Sabrina für ihr Abitur lernen muss und Ruhe braucht. Oskar geht zu seiner Mama in die Küche. Seine Mama schreibt gerade ganz viele Namen untereinander auf einen Zettel. „Was machst du da, Mama?", fragt er. „Wenn du ein Geheimnis für dich behalten kannst, verrate ich es dir." Seine Mama schaut ihn verheißungsvoll an. „Logisch!", sagt Oskar cool. „Das ist die Gästeliste für Sabrinas Geburtstag. Papa und ich organisieren eine Überraschungsparty für sie zum 18. Aber kein Wort zu Sabrina, hörst du?" Oskar tut so, als schließe er sich den Mund ab. Dann will er wieder in sein Zimmer gehen. Als er an Sabrinas Zimmer vorbeikommt, hört er, wie sie ins Telefon brüllt: „Lass mich doch in Ruhe, am besten für immer!" Dann schmeißt sie das Telefon in die Ecke. Oskar fragt: „Wer soll dich für immer in Ruhe lassen?" Genervt entgegnet sie: „Matthias, dieser Schlappschwanz! Und jetzt raus mit dir, Oskar! Ich muss lernen!" Sie will ihn schon zur Tür hinausschieben, da sagt Oskar frech: „Matthias kann dich gar nicht in Ruhe lassen! Denn Mama hat ihn auch auf deine Überraschungsparty eingeladen!" Sabrina schaut ihn mit großen Augen an und sagt: „Was redest du da?" In diesem Moment merkt Oskar, was ihm da gerade rausgerutscht ist. „Nichts", murmelt er verlegen und will in sein Zimmer flüchten, doch Sabrina hält ihn am Arm fest …

Darüber solltet ihr sprechen …

1. Warum ist die Gästeliste so ein großes Geheimnis, das Oskar für sich behalten soll?
2. Oskar erwähnt versehentlich die Überraschungsparty in Sabrinas Gegenwart. Wie konnte das passieren?
3. Wie fühlt sich Oskar, als er merkt, dass ihm das Geheimnis rausgerutscht ist?
4. Sabrina hält Oskar am Arm fest. Was soll Oskar jetzt tun?
5. Hat Oskars Mama Schuld daran, dass das Geheimnis geplatzt ist, weil sie Oskar von der Party erzählt hat? Hätte sie ihm nichts davon erzählen sollen?
6. Was wird Oskars Mama sagen, wenn sie erfährt, dass Oskar ihre Überraschung verraten hat?

Jetzt seid ihr selbst an der Reihe …

Schreiben

- ❒ Was wird Oskar nun tun? Schreibe die Geschichte zu Ende.
- ❒ Oskar hat seiner Schwester alles erzählt und sie gebeten, der Mama nichts zu verraten. Sabrina hat versprochen, so zu tun, als wüsste sie von nichts. Doch dann bekommt Oskar ein schlechtes Gewissen … Schreibe die Geschichte zu Ende.

Weiterspielen

- ❒ Oskar erzählt seiner Schwester gezwungenermaßen von der Party. Sabrina sagt dann aber: „Jetzt hast du die ganze Überraschung verdorben!" Da steht ihre Mama auf einmal in der Tür. Macht ein Rollenspiel zu dieser Szene.

EINE HEIKLE MITTAGESSEN-REGEL 45

Sarah isst mit ihrer Familie zu Mittag. Für das tägliche Mittagessen hat sich Sarahs Mama eine ganze Reihe von Mittagessen-Regeln ausgedacht. „Ohne Regeln läuft das sonst nicht“, sagt Mama immer. Sie hat diese Mittagessen-Regeln auf ein gelbes Blatt geschrieben und an den Kühlschrank gehängt. Eine Regel lautet: „Wer den letzten Schluck aus der Flasche nimmt, muss eine neue holen.“ Sarah greift nach der Saftflasche auf dem Tisch. Sie merkt, dass sich die Flasche schon ziemlich leicht anfühlt, sodass bestimmt nicht mehr viel drin ist. Ein Blick auf die Gläser ihrer Geschwister verrät: Ihr kleiner Bruder Ben hat auch nicht mehr viel in seinem Glas, und er wird bestimmt noch was haben wollen. Hinter der Küchentür steht leider auch keine Flasche mehr, sodass Sarah in den dunklen Keller laufen muss, um eine neue Flasche zu holen. Aber im Keller gibt’s Spinnen. Und außerdem liegen Papas Weinflaschen dort im Regal nebeneinander wie schlafende Geister. Das ist zu gruselig, denkt Sarah. Sie schraubt die Saftflasche auf, gießt sich nur ein bisschen Saft ein und stellt die Flasche zurück auf den Tisch. Und natürlich, jetzt greift Ben nach der Flasche. Aber nur ein halber Schluck tröpfelt in sein Glas. „Sarah, das finde ich nicht gut!“, sagt Mama gereizt. „Ich hatte eben nicht mehr Durst“, entgegnet Sarah schnell.

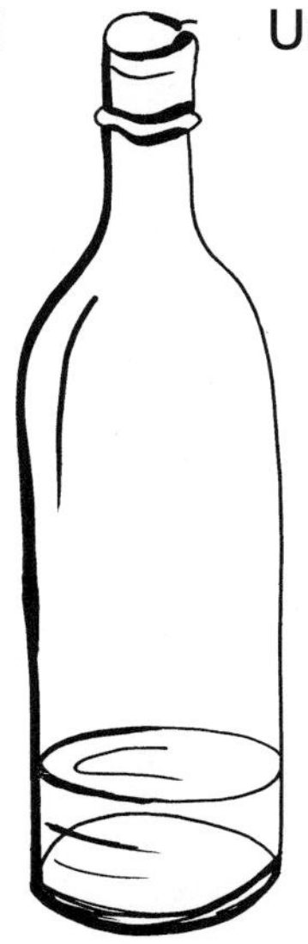

Darüber solltet ihr sprechen ...

1. Wie findest du die Mittagessen-Regel von Sarahs Mama? Sind solche Regeln sinnvoll?
2. Was meinst du: Warum schenkt sich Sarah nur ein halbes Glas ein? Will Sarah die Regel aus Faulheit nicht einhalten? Begründe deine Einschätzung.
3. Sarah sagt zu ihrer Mama: „Ich hatte eben nicht mehr Durst!“ Kann das sein? Begründe deine Einschätzung.
4. Was wird ihre Mama antworten?
5. Wie hättest du dich an Sarahs Stelle verhalten?

Jetzt seid ihr selbst an der Reihe ...

Schreiben

- ❐ Wie geht die Geschichte wohl weiter? Schreibe sie zu Ende.
- ❐ Sarah muss nun doch in den gruseligen Keller gehen, um eine neue Flasche zu holen. Was wird sie dort alles erleben? Schreibe eine kleine Gruselgeschichte.

Weiterspielen

- ❐ Sarahs Mama schickt Sarah in den Keller, um eine Flasche zu holen. Sarah weigert sich. Macht ein Rollenspiel zu dieser Szene.

Gestalten

- ❐ Wie könnte Sarahs gruseliger Keller aussehen? Male ein Bild dazu.

TOTAL UNGERECHT 46

Jonas liebt Süßigkeiten. Am liebsten mag er die sauren Gummiringe vom Kiosk neben der Schule. Aber seit dem letzten Sommer darf er solche Leckereien gar nicht mehr essen, weil er Diabetes bekommen hat. Seine Mama hat deswegen auch verboten, dass er sich Süßigkeiten von seinem Taschengeld kauft, denn Süßigkeiten seien nicht gut für seinen Körper. Das sieht Jonas ja auch irgendwie ein. Und manchmal kauft seine Mama ihm auch Diätschokolade als Ersatz für normale Süßigkeiten. Die ist extra für Leute mit Diabetes, schmeckt aber leider nicht so lecker wie diese sauren Gummiringe vom Kiosk.
Eines Tages kommen Jonas' ältere Brüder Max und Ramon von der Schule nach Hause, und beide haben sich von ihrem Taschengeld eine Tüte mit diesen sauren Gummiringen gekauft. Als sie am Nachmittag alle drei vor dem Fernseher sitzen und ihre Lieblingssendung schauen, schmatzen die beiden munter auf ihren Gummiringen herum. Immer wieder muss Jonas auf ihre raschelnden Papiertüten mit den leckeren sauren Ringen schielen. Er merkt, wie er auf einmal das starke Bedürfnis hat, sich ein paar von diesen Ringen in den Mund zu stecken. Stattdessen steht er aber plötzlich mitten in der Sendung auf, geht zu seiner Mama und sagt wütend zu ihr: „Wenn du mir verbietest, Süßigkeiten zu kaufen, dann musst du das Max und Ramon auch verbieten! Das ist sonst total ungerecht!"

Darüber solltet ihr sprechen ...

1. Warum hat Jonas' Mama Jonas verboten, Süßigkeiten zu kaufen? Findest du das richtig?
2. Wie findest du das Verhalten von Max und Ramon?
3. Warum ist Jonas plötzlich so wütend?
4. Ist das ungerecht, dass sich Max und Ramon Süßigkeiten kaufen dürfen? Begründe deine Antwort.
5. Soll Jonas' Mama Max und Ramon auch verbieten, Süßigkeiten zu kaufen? Begründe deine Antwort.
6. Was könnte Jonas' Mama noch tun?

Jetzt seid ihr selbst an der Reihe ...

Schreiben

- ❐ Schreibe die Geschichte zu Ende. Was wird Jonas' Mama wohl antworten? Wie erklärt Jonas seiner Mama, was er so ungerecht findet?

Weiterspielen

- ❐ Jonas sitzt mit seiner Familie beim Essen. Da spricht Jonas' Mama das Thema Süßigkeiten an. Sie verbietet auch Max und Ramon, Süßigkeiten zu kaufen. Macht ein Rollenspiel zu dieser Szene.
- ❐ Baut ein Standbild zu der Szene, in der Jonas mit seinen Brüdern vor dem Fernseher sitzt.

EIN UNGELIEBTES GEBURTSTAGSGESCHENK (47)

Constantin hat heute Geburtstag. Er wird zehn. Wie jedes Jahr steht im Wohnzimmer ein üppig gefüllter Geschenketisch. Seine Mama hat das Wohnzimmer auch wie immer bunt geschmückt. Dieses Jahr hat sie aber noch eine Girlande mit zehn Constantin-Fotos quer durchs Wohnzimmer gehängt. Aus jedem Jahr ein Foto. So kann jeder die gewaltige Entwicklung, die er in den letzten zehn Jahren gemacht hat, sofort erkennen. Als Constantin mit seinen Eltern beim Frühstück sitzt, klingelt es an der Tür. Es ist seine Oma, die ihm gratulieren möchte. Ein hübsch verpacktes Geschenk hat sie natürlich auch für ihn dabei. Erwartungsvoll reißt Constantin das bunte Papier ab. Doch zum Vorschein kommt ein hässlicher Pulli in babyblau mit einem fetten Schlappohr-Häschen vorne drauf. Zu allem Übel knabbert der fette Hase noch an einer Mohrrübe. Constantin ist maßlos enttäuscht, doch er lässt sich besser nichts anmerken. „Danke, liebe Oma!", ringt er sich mit einem Lächeln ab. „Ich wusste, dass dir die Farbe gut stehen wird!", sagt Oma freudig und zieht ihm dabei schon sein Sweatshirt aus, damit er den neuen Pulli gleich anprobieren kann. „Perfekt, sieht süß aus, mein Großer. Den kannst du gleich für die Schule anbehalten!", fügt sie zufrieden hinzu, als er in diesem peinlichen Häschen-Pulli vor ihr steht. Doch Constantin denkt: Damit kann ich niemals in die Schule gehen, die anderen Jungs werden sich nicht mehr halten können vor Lachen …

Darüber solltet ihr sprechen …

1. Warum lässt Constantin sich seine Enttäuschung über den Pulli nicht anmerken?
2. Wie findest du Constantins Reaktion?
3. Was hätte Constantin stattdessen machen können?
4. Hätte Constantin seiner Oma sagen sollen, dass er den Pulli nicht schön findet? Begründe.
5. Kennst du das Sprichwort „*Einem geschenkten Gaul schaut man nicht ins Maul*"? Was bedeutet das? Wie denkst du darüber?
6. Warum möchte Constantin den Pulli nicht in der Schule anziehen?
7. Sollte Constantin den Pulli seiner Oma zuliebe doch anziehen? Begründe.

Jetzt seid ihr selbst an der Reihe …

Schreiben

☐ Es ist schon zehn vor acht! Constantin hat den Pulli immer noch an, aber er muss jetzt eilig zur Schule. Schreibe die Geschichte zu Ende.

Weiterspielen

☐ Constantins Oma begleitet ihn zur Schule. Seiner Oma zuliebe lässt Constantin den Pulli an. Auf dem Schulhof ruft Tristan: „Schaut mal, ein Häschen-Pulli! Die absolute Super-Lachnummer!" Macht ein Rollenspiel zu dieser Szene.

Gestalten

☐ Constantin steht in dem Häschen-Pulli vor seiner Oma. Zeichne zu dieser Szene eine Karikatur.

HEIMLICHES GRUSELKINO 48

Marcel hat ein ganzes Regal voll mit Gruselbüchern über Geister und Vampire. Die Bücher hat er aber schon alle gelesen, und wirklich gruselig sind sie eigentlich gar nicht. Bei seinem großen Bruder Daniel hat er eine Vampir-DVD im Regal entdeckt. Er möchte sie sich ausleihen, aber Daniel sagt großspurig: „Kleine Jungs kriegen davon Angst und wollen zu Mama.“ Seine Mama meint leider auch: „Für solche Filme bist du noch zu klein. Lies du lieber deine Gruselbücher.“ „Die sind doch was für kleine Babys“, beschwert sich Marcel. „Marcel, ich möchte jetzt nicht weiter darüber diskutieren“, sagt Mama energisch.
Als Marcel allein mit Daniel zu Hause ist, ist das die Gelegenheit, den Film doch anzuschauen. Daniel telefoniert nämlich im Wohnzimmer. Nur im allergrößten Notfall darf Marcel hereinkommen, hat Daniel gesagt. Marcel geht in Daniels Zimmer und legt die DVD ein. Doch schon nach der Hälfte macht er den Film wieder aus, weil er wirklich schlimm gruselig ist. Dann legt er sich ins Bett und kann nicht einschlafen. Immer wieder sind sie da, die Bilder von den spitzen Vampirzähnen und dem vielen Blut. Wie froh er jetzt wäre, wenn Daniel oder seine Mama bei ihm wären und ihm sagen würden, dass es keine Vampire gibt. Ob ich mal runtergehe zu Daniel? Ob ich ihn mal frage, ob ich Mama anrufen darf?, überlegt er. Doch da fällt ihm ein, dass Daniel und Mama ja gar nicht wissen dürfen, dass er den Film heimlich gesehen hat …

Darüber solltet ihr sprechen …

1. Warum erlaubt Marcels Mama ihm nicht, Daniels Vampir-DVD anzusehen?
2. Findest du das Verbot von Marcels Mama berechtigt? Begründe.
3. Marcel schaut sich den Film heimlich an. Warum schaut er ihn nicht bis zum Ende?
4. Findest du, dass Marcel ein „Großkotz“ ist? Begründe.
5. Was könnte Marcel tun, als er vor Angst nicht einschlafen kann?
6. Warum zögert Marcel, Daniel oder seiner Mama zu erzählen, dass er den Film gesehen hat?
7. Soll Marcel Daniel und seiner Mama erzählen, dass er den Film heimlich gesehen hat? Begründe.

Jetzt seid ihr selbst an der Reihe …

Schreiben

- [ ] Marcel ruft im Traum: „Nein, nicht beißen!“ Als er aufwacht, sagt seine Mama: „Was hast du denn Schlimmes geträumt, mein Schatz?“ Schreibe die Geschichte zu Ende.

Weiterspielen

- [ ] Marcel fragt Daniel, ob er seine Mama anrufen darf. Daniel sagt: „Wenn du mir einen guten Grund nennst, kannst du sie anrufen!“ Auf einmal steht seine Mama in der Tür. Spielt die Szene nach.

Gestalten

- [ ] Wie könnten die gruseligen Bilder aussehen, die Marcel immer wieder in den Kopf kommen? Male ein Bild dazu.

PAPAS PATCHWORK-PIAS (49)

Seit Pia mit ihrem Papa zu Anja und deren Tochter Pia gezogen ist, ist nichts mehr, wie es mal war: Pia lebt jetzt nicht mehr in einer unaufgeräumten Wohnung mitten in der Stadt. Papa fönt ihr beim Frühstück auch nicht mehr die Haare, und es gibt auch kein Abendessen mehr auf dem Sofa. Stattdessen wohnen sie jetzt gemeinsam in einem aufgeräumten Haus am Stadtrand, die Haare werden abends geföhnt, und es wird immer am Tisch gegessen. Manchmal sehnt sich Pia nach ihrem alten, etwas chaotischen Leben, auch wenn sie Anja und die andere Pia wirklich gerne hat. Außerdem glaubt sie immer mehr, dass ihr Papa gar keinen Unterschied mehr sieht zwischen ihr und Anjas Pia. Er nennt sie neuerdings auch immer „meine beiden Patchwork-Pias". Aber auch, wenn sie gleich heißen, gleich alt sind und die gleiche Frisur tragen, muss sie für ihren Papa doch immer die wichtigere Pia sein. Als sie gemeinsam Pläne fürs Wochenende machen, sagt ihre Patchwork-Schwester: „Ich möchte am Samstag schwimmen gehen." Pia hat selbst große Lust aufs Schwimmbad. Dennoch äußert sie einen anderen Wunsch: „Ich möchte eine Radtour zum archäologischen Park machen." Wenn sie ihrem Papa wichtiger ist als die andere Pia, dann wird er schon dafür sorgen, dass sie die Radtour machen, denkt sie. Doch ihr Papa ruft entschieden: „Da muss dann wohl das Los entscheiden!"

Darüber solltet ihr sprechen ...

1. Warum nennt Pias Papa die beiden Mädchen Patchwork-Pias?
2. Was stört Pia daran, wenn er Patchwork-Pias sagt?
3. Pia möchte für ihren Papa immer die wichtigere Pia sein. Sollte ihr Papa einen Unterschied machen zwischen den beiden Pias? Begründe deine Meinung.
4. Warum äußert Pia einen anderen Wunsch als ihre Patchwork-Schwester.
5. Pia glaubt: Wenn ihr Papa ihren Wunsch vorzieht, ist sie ihm wichtiger. Was meinst du zu Pias Überlegung?
6. Warum reagiert Pias Vater mit der Idee, zu losen?
7. Wie findest du diese Idee von Pias Vater?

Jetzt seid ihr selbst an der Reihe ...

Schreiben

❒ Das Los entscheidet „Schwimmbad". Pia ist enttäuscht über das Verhalten ihres Vaters. Sie schreibt ihrer Patentante eine E-Mail. Hier schreibt sie all ihre Gedanken und Gefühle auf. Schreibe Pias Mail.

Weiterspielen

❒ Das Los entscheidet „Schwimmbad". Pia ärgert sich und wirft ihrem Vater vor, dass er sie nicht mehr so lieb hat wie früher, seit sie mit Anja und Pia zusammenwohnen. Macht ein Rollenspiel dazu.

Gestalten

❒ Stell dir einen Tag in Pias altem Leben und einen Tag in Pias neuem Leben vor. Stelle beide Tage in einem kleinen Comic dar.

PAPA ODER MAMA? 50

Lisas Papa wohnt nicht mehr zu Hause. Er hat jetzt eine andere Wohnung, und Lisa hat neuerdings zwei Zimmer: eines bei ihrer Mama und eines bei ihrem Papa. Und sie hat jetzt auch das Doppelte an Spielsachen. Schließlich braucht sie in beiden Wohnungen Malsachen, Bücher und natürlich ihre Barbies®. Aber eigentlich wäre es ihr lieber, wenn sie nur ein Zimmer hätte, dafür aber mit Mama und Papa zusammen in einer Wohnung wohnen könnte. In der Woche wohnt sie jetzt bei Mama und am Wochenende bei Papa.

Bei ihrem Papa wohnt manchmal auch Vivian, Papas Freundin. Lisa weiß nicht genau, wie sie Vivian finden soll. Eigentlich ist Vivian nett. Außerdem hat sie schöne Haare und kennt sich mit Barbies® aus. Aber Mama findet Vivian furchtbar aufgetakelt und nicht besonders schlau.

Als Lisas Klasse vor den Sommerferien ein Grillfest veranstaltet, sind auch alle Eltern eingeladen. Ihr Papa will Vivian mitbringen. Ihre Mama sagt: „Schatz, es tut mir leid, aber wenn dein Vater Vivian mitbringt, bleibe ich zu Hause." Lisa sagt zu ihrem Papa: „Zu meinem Grillfest musst du aber ohne Vivian kommen, weil Mama sonst nicht mitkommt." „Mama soll sich nicht so anstellen", entgegnet ihr Papa ärgerlich. Doch schon im nächsten Augenblick fügt er freudig hinzu: „Oder ich habe noch eine bessere Idee: Du entscheidest einfach, wen du dabei haben willst. Mich und Vivian oder Mama? Dann kann sich keiner von uns mehr beschweren."

Darüber solltet ihr sprechen ...

1. Wie findest du es, dass Lisas Papa Vivian mitbringen möchte?
2. Sollte Vivian mitkommen dürfen? Begründe.
3. Was glaubst du: Warum möchte Lisas Mama nicht kommen, wenn Lisas Papa Vivian mitbringt?
4. Hat Lisas Papa Recht: Stellt Lisas Mama sich an? Oder verhält sich Lisas Papa falsch? Begründe.
5. Wie findest du den Vorschlag von Lisas Papa: Lisa sollte entscheiden, wen sie bei ihrem Grillfest dabei haben möchte?
6. Wie soll Lisa sich entscheiden? Was könnte sie ihrem Papa antworten?

Jetzt seid ihr selbst an der Reihe ...

Schreiben

- ❐ Wie könnte die Geschichte weiter gehen? Schreibe sie zu Ende.

Weiterspielen

- ❐ Lisa sagt zu ihrem Vater: „Das ist gemein vor dir, wenn du mir die Entscheidung überlässt!" Spielt diese Szene mit verteilten Rollen.
- ❐ Lisa sagt zu ihrer Mama: „Stell dich nicht so an, und komm zu meinem Grillfest!" Spielt diese Szene mit verteilten Rollen.
- ❐ Sowohl Lisas Papa und Vivian als auch Lisas Mama gehen zu dem Grillfest. Lisa fühlt sich nun hin- und hergerissen zwischen ihren Eltern. Stellt Lisas Situation in einem Standbild dar.

Cech-Wenning, Stephanie:
So präsentiere ich meine Arbeitsergebnisse. Kl. 3–5.
Verlag an der Ruhr, 2005.
ISBN 978-3-8346-0013-4

French, Jackie:
Das kleine Buch der großen Fragen.
Philosophie für Kinder. Ab 10 J.
Boje Verlag, 2008.
ISBN 978-3-414-82080-8

Grabe, Astrid:
Methoden-Schule Deutsch.
Arbeitstechniken fürs Textverständnis.
Kl. 3–4. Verlag an der Ruhr, 2004.
ISBN 978-3-86072-909-0

Grabe, Astrid; Mucha, Andrea:
Schreibhandwerk. **Gute Texte schreiben. Grundtechniken.** Kl. 3–4.
Verlag an der Ruhr, 2003.
ISBN 978-3-86072-781-2

Grabe, Astrid; Mucha, Andrea:
Schreibhandwerk. **Gute Texte schreiben. Aufbaukurs.** Kl. 3–4.
Verlag an der Ruhr, 2004.
ISBN 978-3-86072-844-4

Gilbert-Scherer, P.; Grix, B.; Lixfeld, R.; Scheffler-Konrat, R.:
„Die hat aber angefangen!“
Konflikte im Grundschulalltag fair und nachhaltig lösen. Kl. 1–4.
Verlag an der Ruhr, 2007.
ISBN 978-3-8346-0307-4

Haglund, Liza;
Gedanken-Spiele.
Philosophie für Kinder. Ab 10 J.
Omnibus TB bei Bertelsmann, 2007.
ISBN 978-3-570-21721-4

Hartmann, Luisa:
3-Minuten-Geschichten für den Morgenkreis.
30 Mutmach-Geschichten. 5–10 J.
Verlag an der Ruhr, 2009.
ISBN 978-3-8346-0485-9

Hartmann, Luisa:
3-Minuten-Geschichten für den Morgenkreis.
30 Streitgeschichten. 5–10 J.
Verlag an der Ruhr, 2008.
ISBN 978-3-8346-0421-7

Labbé, Brigitte; Puech, Michel;
Denk dir die Welt.
Philosophie für Kinder. Ab 9 J.
Loewe Verlag, 2003.
ISBN 978-3-7855-4677-2

Orlick, Terry:
Zusammen spielen – nicht gegeneinander!
150 kooperative Spiele für Kinder. 3–12 J.
Verlag an der Ruhr, 2007.
ISBN 978-3-8346-0247-3

Schilling, Dianne:
Soziales Lernen in der Grundschule.
50 Übungen, Aktivitäten und Spiele.
Kl. 1–4. Verlag an der Ruhr, 2000.
ISBN 978-3-86072-489-7

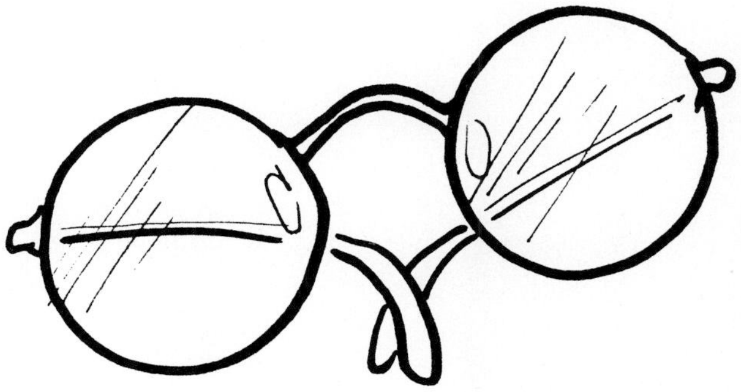